高校無償化問題が問いかけるもの

朝鮮学校物語 2

編 朝鮮学校「無償化」排除に反対する
連絡会記録編集委員会

花伝社

呼称、表記について

①　高校無償化制度の正式名称は「公立高等学校の授業料無償化・高等学校等就学支援金制度」、法律の正式名称は「公立高等学校に係る授業料の不徴収及び高等学校等就学支援金の支給に関する法律」となるが、単に「高校無償化」「高校無償化」法と表記する。制度は2014年4月に改定され「高等学校等就学支援金制度」となったが、改定後も「高校無償化」と表記する。

②　朝鮮半島にルーツを持ち日本に住む人々は、「朝鮮籍」「韓国籍」「日本籍」に関わらず、原則として「在日朝鮮人」と表記した。

③　執筆者等の読み仮名を入れた。朝鮮人の読み仮名は日本で読みならわされている音に基づきカタカナ表記とした。

④　朝鮮学校の初級学校（もしくは初級部。6年制）は小学校、中級学校（もしくは中級部。3年制）は中学校、高級学校（もしくは高級部。3年制）は高等学校に相当する。よって朝鮮高級学校生を「朝鮮高校生」、「朝高生」と略して表記する場合もある。また朝鮮学校の幼稚園も、上級学校との併設校の場合、幼稚班といった言い方もされるが基本的に「幼稚園」と表記する。

はじめに

日本各地に「朝鮮学校」と呼ばれる学校が存在していることを、知っていますか。幼稚園、小学校、中学校、高校、大学まである朝鮮学校。そこに通うのは、朝鮮半島にルーツを持ち、日本社会で暮らす子どもたちです。そんな学校に通う高校生たちが、「高校無償化」から排除されていることを、ご存じでしょうか。この本は、「子どもの教育は平等にしなければならない」「朝鮮学校への差別を許すことができない」と考えた人びとが、連帯して取り組んだ運動の記録です。

この問題は、2010年から13年間にわたって続いています。いまも朝鮮高校生たちは、他の高校生たちとは違って、授業料を負担し続けているのです。授業料負担を考えて、朝鮮高校への進学をあきらめた子もいます。「高校無償化」を受けられないままに、多くの高校生たちが卒業していきました。補助金停止、「幼保無償化」やコロナ対策からの除外など、差別はさらに広がっています。これらは、民族教育を受ける権利や、朝鮮高校生たちの尊厳という人権の問題です。本書を世に問うことで、この差別を知ってもらいたい、問題の解決を訴えたいと考えています。

私たちの取り組みからは、『朝鮮学校物語』（花伝社　2015年）という本が生まれました。日本と韓国で、朝鮮学校を一から知ってもらうために編まれたものです。本書は、その続編となります。日本という国と社会が、朝鮮学校をどう扱っているのか。そのことを知ってどう思うのか、どう行動するのか、一人ひとりが問われているのではないでしょうか。

　2022年5月から、当編集委員会はスタートしました。どのようなコンセプトで作るか、目次や内容、依頼原稿の検討、写真についてなどなど、編集委員たちが四苦八苦しながら挑戦しました。

　多くの方々に、「私の朝鮮学校物語」を書いていただきました。執筆者のみなさまに感謝いたします。また、貴重な写真を提供してくださった尹志守《ユンジス》さん、全賢哲《チョンヒョンチョル》さん、ありがとうございました。花伝社編集部長の佐藤恭介さんには原稿をお読みいただき、タイトルをどうするかという難題を含めて、的確なアドバイスをいただきました。心から感謝申し上げます。この本が、「朝鮮学校」について、みなさまの理解の一助になれば幸いです。

2023年2月10日

朝鮮学校「無償化」排除に反対する連絡会記録編集委員会

呼称、表記について　2　はじめに　3

第1章　「高校無償化」から排除された朝鮮学校——編集委員会　7

1　高校無償化問題とは　8

コラム／朝鮮高校卒業生の大学受験資格問題　13

2　朝鮮学校差別反対の運動と支援の輪の広がり　14

コラム／国家資格と朝鮮学校　22

3　韓国で広がる朝鮮学校支援　23

コラム／生徒に希望を託した金福童ハルモニ　26

4　国連勧告とその履行を求める取り組み　28

コラム／朝鮮学校と地域社会　32

第2章　審判を受けるべき者は誰か　東京訴訟が問うたもの——李春熙　33

自民党政権の発足と朝鮮学校の排除／東京訴訟の戦略／国側の主張／「2つの理由」論争の意味／不指定に至る事実経過の解明／東京地裁判決／「2つの理由」の論理的関係性—控訴審第1回期日の高揚／東京高裁判決／最高裁での敗訴が確定／大阪地裁西田判決の意義／成果を継承していくために

◆東京「高校無償化」裁判原告座談会　49

コラム／朝鮮人として生きることが闘いでなくなる日を　54

第3章　新たな線引きに抗して　57

1　自治体による補助金停止問題　58

コラム／スポーツ・文化活動における差別と朝鮮学校　63

コラム／本田圭佑選手の朝鮮学校サプライズ訪問　64

2　「幼保無償化」の実施を巡って　65

コラム／朝鮮学校生徒のお土産没収問題 70
3 コロナ禍の中で 71
コラム／東京朝鮮中高級学校の沿革展示室 76

第4章 それぞれの朝鮮学校物語 77

朝鮮学校とのかかわりや思い 78
◎教員、保護者から 78……慎吉雄／李正愛／金範重／申静子
◎日本人市民として 87……松野哲二／林明雄／森本孝子／長谷川和男
◎韓国市民から 100……孫美姫／金明俊／崔相九
◎弁護士として 107……松原拓郎／伊藤朝日太郎／師岡康子
◎元官僚として 114……前川喜平 付・陳述書
◎取材者として 124……石橋学／後藤由耶
◆金曜行動参加者による座談会 129
◆「金曜行動」での発言集 138
コラム／金曜行動のテーマソング「声よ集まれ、歌となれ」 141

第5章 朝鮮学校問題の現在地―田中宏 143

資料
高校無償化法における「高等学校の課程に類する課程」に関する意見書・田中宏 156／地方自治体による朝鮮学校への補助金支給状況一覧 178／もっと知りたい人のために 179／朝鮮学校関連の映画、朝鮮学校関連書籍・雑誌の紹介 180／朝鮮学校「無償化」関連年表 190

第1章　「高校無償化」から排除された朝鮮学校

編集委員会

1　高校無償化問題とは

●画期的なものになるはずだった「高校無償化」

高校の授業料を公費負担とする制度、いわゆる「高校無償化」は、２０１０年にスタートし、いまや当たり前の制度となっている。また、所得制限が設けられているものの、当初は公立高校の授業料相当だった支援金の金額が、私立高校授業料を実質的に無償化するまで拡充されている。この制度によって授業料負担を気にすることなく高校に通うことができ、子どもの学ぶ権利や教育の機会均等を保障するうえで、大きな役割を果たしている。しかし、この重要な、当たり前の制度から排除されている高校生たちがいる。全国10校の朝鮮高級学校（九州、広島、神戸、大阪、京都、愛知、神奈川、東京、茨城、北海道）に通う８９９人の子どもたちである（２０２２年度）。

そもそも、朝鮮学校をはじめとする民族学校やインターナショナルスクール（いわゆる「外国人学校」）は、日本に暮らす多くの子どもたちの学校教育を担っているにもかかわらず、私学助成などの国の補助金・助成金の対象にならないなど、正当な扱いをされていない。法的地位においても外国人学校は「各種学校」とされているが、これは自動車教習所などが属するカテゴリーであり、小学校、中学校、高校、大学に相当する教育を行っている民族学校やインターナショナルスクールにふさわしい法的地位ではない。なお、専門学校などが属する「専修学校」は「我が国に居住する外国人を専ら対象とするものを除く」（学校教育法第１２４条）とされている。かつては学生スポーツ大会や通学定期券でも差別があった。そのようななかで、「高校無償化」は、「外国人学校」とその他の日本に存在する高校とを平等に扱う初めて

2010年3月27日の緊急行動（横断幕を掲げて代々木公園からデモが出発）

の、画期的な制度となるはずだった。実際、中華学校や韓国学園、アメリカンスクール、ブラジル人学校、インターナショナルスクールなど42校の外国人学校（高校）が対象となっている（２０２２年３月31日現在）。いわば、外国人学校の中でも特に朝鮮学校が狙い撃ちで差別されている。

●「外交上の配慮」vs.「教育上の観点から客観的に」

２０１０年３月31日、「公立高等学校に係る授業料の不徴収及び高等学校等就学支援金の支給に関する法律」（以下、「高校無償化」法）が成立した。当時の民主党を中心とした政権の目玉政策であった。法案の国会審議では、「高校無償化」を「外国人学校」に適用するかどうかは、「外交上の配慮などにより判断するべきものではなく、教育上の観点から客観的に判断する」（２０１０年３月12日、松野頼久内閣官房副長官の国会発言）ことが明示された。国と国との対立関係によって、子どもが差別を受けたり不利益をこうむったりすることはあってはならないことであり、「外交上の配慮」ではなく「教育上の観点から客観的に」という原則は、まっとうなものであった。

しかし一方、法案審議中の２００９年12月、中井洽拉致担当相は川端達夫文部科学相に、「高校無償化」から朝鮮学校を排除するよう要請していた。２０１０年８月には、「北朝鮮による拉致被害者家族会」が「高校無償化」の朝鮮学校適用に反対する要請文を政府に提出している。ここで、小泉首相訪朝（２００２年）によって明らかとなった朝鮮民主主義人民共和国による日本人拉致事件と、「高校無償化」から朝鮮学校を排除するという制度的な差別が、はっきりと結びつけられた。拉致被害者家族会やその支援団体は、自治体の補助金にも反対するなど、朝鮮学校への攻撃を強めていく。なお、拉致被害者家族の横田滋さんは、「拉致があるから無償化反対というのは良くない。〔中略〕拉致を理由に朝鮮学校に補助金を出さないのは筋違いだと思います。単なるいやがらせです」（『めぐみへの遺言』幻冬舎2012年）と述べている。また、拉致被害者家族会元事務局長の蓮池透さんは、「『救い出してくれ』の願いはあっという間に『北朝鮮憎し』に変換され、朝鮮学校の高校無償化からの除外といった八つ当たり以外の何ものでもない政策がまかり通る」と語っている（『神奈川新聞』電子版　2017年10月11日）。「北朝鮮への圧力」として朝鮮学校を圧迫することは、そこに通う子どもたちの人権を踏みにじることに他ならない。

●壊された「法の下の平等」

2010年11月5日、紆余曲折がありながらも、民主党政権は朝鮮学校に適用される基準と手続き（後述する（ハ）に関する規定）を定めた。これを定めるにあたっては、文部科学省によって専門家をメンバーとする「検討会議」が設置され、「外交上の配慮」ではなく「教育上の観点から客観的に判断すべきである」という原則が確認された。また、「個々の具体的な教育内容については基準としない」とされた。外国人学校が「高校無償化」の適用を受けるためには、（イ）国交がある外国政府・機関による認定（台湾については「民間交流機関」）、（ロ）欧米系の国際的学校評価機関の認定、（ハ）高校としてふさわしい修業年限、総授業時間数といった一定の外形的基準、のいずれかを満たせば良いと定められた。すでに（イ）と（ロ）の条件を満たした外国人学校への適用が進められていたが、朝鮮学校は（ハ）の条件を満たしており、他の外国人学校と同じように適用される見通しであった。しかし2010年11月23日、朝鮮半島の延坪島《ヨンピョンド》で朝鮮民主主義人民共和国と大韓民国の軍事衝突が発生すると、菅直人首相は審査手続きの「凍結」を指示した。この法律に基づかない措置によって、朝鮮高校の子どもたちは、他の高校生は受けることができた2010年度の「高校無償化」を受けることができなくなり、その差別は今も続いている。国と国との対立や軍事衝突は、残念ながら存在するものである。だからこそ、そのような事態が、子どもたちへの人権侵害につながらないように、教育政策と切り離しておくことが必要ではないだろうか。

菅首相は、辞任直前の2011年8月に審査手続きの再開を指示したが、その後も「審査」は異常な長期間にわたって引き延ばされた。一方で、2011年8月にはホライゾン・ジャパン・インターナショナルスクールが、12月にはコリア国際学園が「高校無償化」の適用を受けた。両校ともに、朝鮮学校と同じく前記の（ハ）の条件を満たしているかどうか審査され、適用を受けた。「法の下の平等」という民主主義の大原則が破壊されたと言わざるを得ない。

2012年12月、衆議院議員選挙で民主党が敗北、自民党が勝利して政権交代となった。民主党政権は、自らが打ち出した「外交上の配慮」ではなく「教育上の観点から客観的に判断する」という方針を堅持し、実現することができなかった。

●安倍政権による朝鮮学校排除

自民党は野党の時から朝鮮高校への「無償化」適用に反対していたが、第2次安倍政権発足直後の2012年12月28日、下村博文文科相は記者会見で、「拉致問題の進展がないこと、〔朝鮮学校が〕朝鮮総連と密接な関係にあり、教育内容、人事、財政にその影響が及んでいること」を理由として、朝鮮高校を排除することを発表した。政治的外交的な理由で排除することを明確にしたのだった。そして201

3年2月20日、文科省は省令改定を行い、外国人学校に関する基準のなかから、朝鮮学校に適用される規定そのもの（ハの規定）を削除した。翌日以降、「不指定」の処分が朝鮮高校に通知された。朝鮮高校に対する審査は継続中だったが、結論を出さないままに打ち切られた。すでに手続き中であるにもかかわらず、特定の学校を排除するために後出しで法令を変えてしまうのは、法治国家としてあり得ない措置である。また、「高校無償化」法の精神を捻じ曲げる行為である。

政権交代の後、朝鮮学校や高校生たちが原告となって、全国5か所で「無償化」裁判が提訴された。政治的外交的な理由で朝鮮高校を排除することの是非を正面から論じた大阪地裁判決は、そのために行われた省令改定（規定ハの削除）を「違法、無効」とした。なお、その他の判決は、この論点をまともに取り上げなかった。

2010年6月の市民行動
（デモ出発地の芝公園）

●朝鮮高校に通う生徒たちは「高校生」ではないのか

2010年度から2021年度までに、6000人近くの生徒たちが「高校無償化」を受けられないままに朝鮮高校を卒業していった。「高校生の学びを支えます」——「高校無償化」の拡充（私立高校授業料実質無償化）を知らせる文科省のリーフレット冒頭に大書された文言である。「高校無償化」法には、その目的が「教育の機会均等に寄与すること」だと明記されている。「私たちも同じ高校生です」——広島朝鮮高校生徒の詩の一節だ。無償化適用を求める運動には、多くの朝鮮高校生たちが参加してきた。

朝鮮高校卒業生の大学受験資格問題

千《ち》地《じ》健《けん》太《た》（編集委員）

朝鮮学校の子どもを取り巻く困難のひとつに、卒業資格の扱われ方がある。朝鮮高校を卒業して日本の大学へ進学しようと思った場合、かつては大学入学資格検定（大検）に合格してから、入試を受けなければならなかった。朝鮮高校を卒業しても、高校を卒業したと認められず、入試を受ける資格すら認められていなかったのである（一部の私立大学は文科省の意向に反して受験資格を認めていた）。受験勉強と並行してもう一つ試験に合格しなければならないことが、大きな負担であることは言うまでもない。朝鮮学校だけでなく、他の民族学校やインターナショナルスクールも、同じ扱いを受けていた。なお、念のため強調しておくが、これらの学校は高校として十分な教育水準を備えている。

それが変化したのが、２００３年に文部科学省が打ち出した受験資格の拡大であった。当初、文科省は欧米系の学校認定機関の認定を受けたインターナショナルスクールにのみ、大学受験資格を認める方針を示したが、アジア系、中南米系の学校に対するあまりに露骨な差別であったため、大きな批判が巻き起こった。批判を受けて方針転換した文科省は、上記の欧米系インターナショナルスクールに加えて、国交を通じて外国政府に問い合わせ、日本の高校と同等だと確認できた外国人学校（高校）を認めるという形で、アジア系、中南米系の高校にも受験資格を認めた。なお、国交がない台湾系の学校については「民間交流機関」を通じて確認された。一方で、朝鮮高校だけは学校として認めず、卒業生個々人に対して各大学が「個別審査」を行うものとした。朝鮮学校だけはどうしても「学校」として認めたくないという文科省のイデオロギーが見て取れる。

外国人学校を３つの分類に分け、朝鮮学校だけは認めないというあり方は、「高校無償化」問題でも全く同じである。「高校無償化」では朝鮮高校生は完全に排除されているが、受験資格問題では個々の卒業生を「個別審査」するという道が残された。なお、国公立大学を含めて多くの大学が、朝鮮高校卒業者を「個別審査」することによって受験資格を認めていくが、実際には、朝鮮高校を卒業したことをもって受験資格が認められているようだ。ただし、「個別審査」で朝鮮高校を高校だと認めない大学や専門学校などが出てくる可能性がゼロではないため、朝鮮高校出身者の不安は解消されず、現在でも志望する進路によっては、高等学校卒業程度認定試験を受けざるを得ない状態が続いている。

朝鮮高校在学中に、本書で後述される裁判の原告となった人たちもいる。私たちはこれに、何と応えるべきだろうか。

2　朝鮮学校差別反対の運動と支援の輪の広がり

●「高校無償化」からの朝鮮学校排除に反対する連絡会の活動

「高校無償化」法案が国会で審議中だった２０１０年2月21日、新聞報道によって、中井拉致担当相が川端文部科学相に、「高校無償化」から朝鮮学校を排除するよう要請していたことが明らかとなった。このような動きに危機感を持った私たちは、２０１０年3月27日、東京西部・多摩地域の朝鮮学校に関わる市民団体の集まりである「立川町田朝鮮学校支援ネットワーク・ウリの会」の呼びかけで「『高校無償化』からの朝鮮学校排除に反対する緊急行動」を開催し、東京・代々木公園で集会とデモを行った。呼びかけから開催まで1か月もなかったが、２３０人の朝鮮高校生を含む１０００人が参加し、日本各地から賛同を寄せた団体は70に上った。登壇した朝鮮学校生徒が訴えた不安、悲しみ、怒り、そして「朝鮮学校が対象外とされるのは、自分の存在が否定されたような気持ちだ」という発言が心に響いた。「高校無償化」における朝鮮学校差別に反対する運動のスタートであった。この緊急行動には、それ以前から朝鮮学校とかかわりを持っていた日本人や学校に縁のある在日朝鮮人に加えて、それまでは朝鮮学校とかかわりがなかったものの、報道などで朝鮮学校差別の動きを知った市民も集まった。これをきっかけに、4月16日、「『高校無償化』からの朝鮮学校排除に反対する連絡会」（以下、「無償化」連絡会）が結成された。

私たちは２０１０年から２０１３年にかけて都内で断続的に集会・デモを開催し、集会決議をもって文部科学省や内閣府への要請行動に臨んだ。政府への要請には、日本各地から仲間が参加することもあった。活動資金は当初、手弁当だったが、集会のたびに本当に多くのカンパが寄せられた。集会への参加者は増えていき、最終的に賛同団体は330に上った。また、記者会見を開いたり、民主党を中心とした国会議員に働きかけを行ったりした。この問題は報道や新聞でもたびたび取り上げられた。朝鮮学校にも適用すべきという論調も少なくなかったが、産経新聞などによるネガティブキャンペーンもまた激しかった。

2016年2月文科省申し入れ（朝高生やオモニ会、全国の仲間とともに）

「無償化」連絡会は、発足と同時期に、「朝鮮高校生への『高校無償化』即時適用と朝鮮学校への制度的保障を求める全国署名」を呼びかけた。日本全国の市民、そして「フォーラム平和・人権・環境」（平和フォーラム）や日教組などの労働組合、各県の平和運動センター、日朝友好団体の協力により、全国各地から8万筆を超える署名が集まり、政府に提出した。さらに、平和フォーラムが中心となって「朝鮮学園を支援する全国ネットワーク」が立ち上げられ、「無償化」連絡会もその一翼を担った。年一回の総会には日本各地で朝鮮学校支援の取り組みをしている仲間が集まり、毎年2月から3月にかけて全国一斉行動月間を組織した。

私たちは、運動のなかで新たな仲間と出会い、朝鮮学校の生徒や保護者、教職員の思いを知り、差別反対を社会に訴えた。「高校無償化」適用への道が見えた瞬間もあったものの、民主党政権を動かしきることができなかった。

「朝鮮学校生に笑顔を！全国行動月間」2019 行動一覧

笑顔を！　集会・デモ・行動

【福島】

◆「朝鮮学園授業料無償化裁判支援集会」
講師：佐野通夫さん（こども教育宝仙大学）
日時：2 月 23 日（土）　15:00 ～ 17:30
場所：福島県教組　郡山教組会館
主催：福島朝鮮学校を支援する会

【長野】

◆朝鮮学校に高校無償化適用を！県内一斉街宣行動
日時：2/19・21・22
場所：長野駅・上田駅・松本駅前
主催：日朝長野県民会議

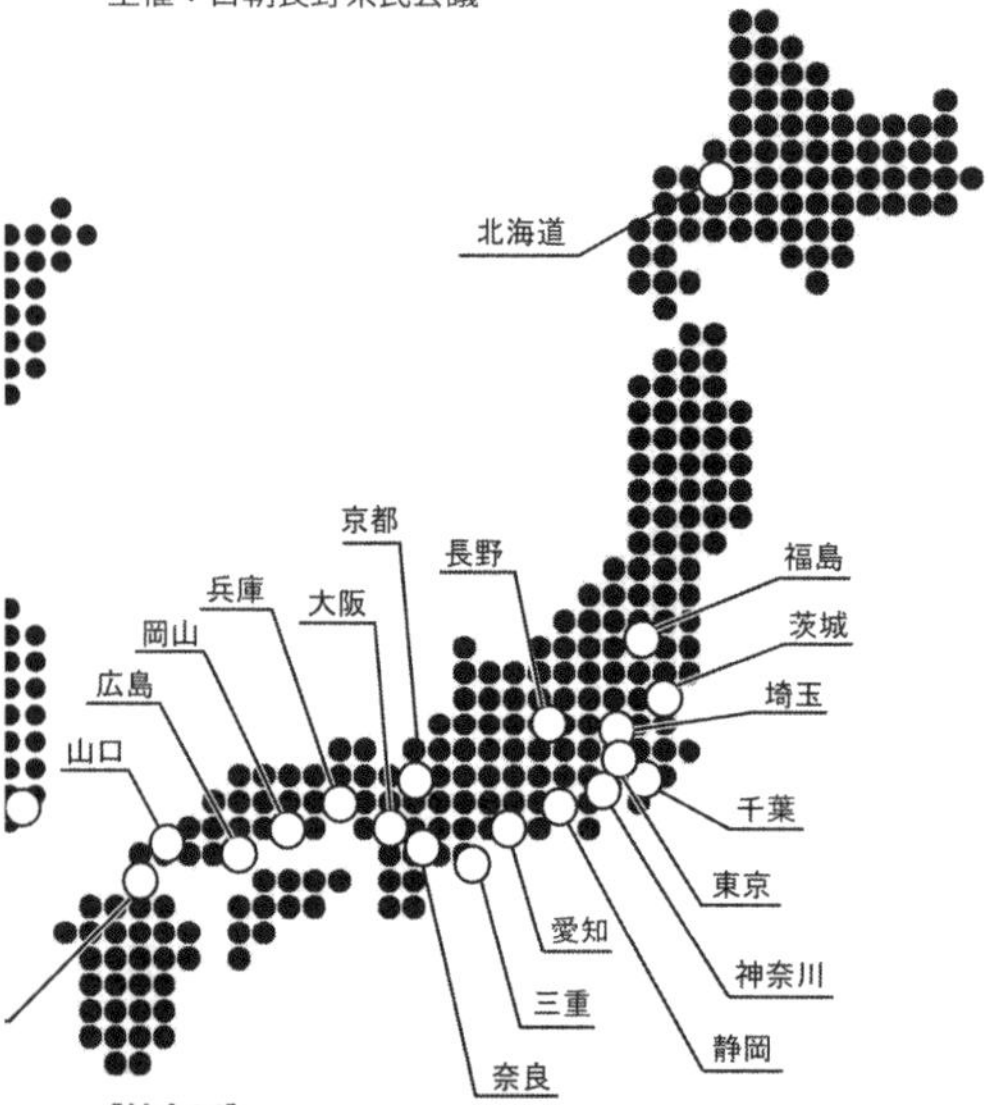

【神奈川】

◆第三回かながわの朝鮮学校交流ツアー
（授業見学、児童公演、講演会など）
日時：2/9（土）　10:00
場所：川崎朝鮮初級学校
主催：神奈川朝鮮学園を支援する会

◆学習会　講演「神奈川県弁護士会による警告書について」（講師：小賀坂徹弁護士）
日時：2/12（火）　18：20
場所：健康福祉センター（桜木町駅）
主催：神奈川朝鮮学園を支援する会

◆前川喜平さん講演会 in 神奈川
日時：2/16（土）　14：00
場所：かながわ県民センター　２Ｆホール
主催：かながわ朝鮮女性と連帯する会、女性同盟神奈川県本部

【静岡】

◆ 3.1 朝鮮独立運動 100 周年記念　記念講演会
日時：3/1（金）　場所：静岡労政会館

◆静岡朝鮮学校支援チャリティーコンサート
日時：3/2（土）　場所：静岡朝鮮初中級学校　講堂
主催：静岡朝鮮学校・友の会

【北海道】

◆2019 東アジアの平和のための共同ワークショップ
日時：2/22（金）～ 23（土）
場所：雨竜郡幌加内町朱鞠内　旧光顕寺「笹の墓標展示館」
主催：北海道朝鮮初中高級学校

【茨城】

◆第 9 回茨城県知事朝鮮学校の補助金復活交渉（要請）行動・記者会見
日時：2/26（火）
場所：茨城県庁会議室、茨城県記者クラブ
主催：朝鮮学校の子どもたちの人権を守る会・茨城

【千葉】

◆県への補助金要請行動
日時：1/18（金）　16:00 ～
主催：千葉・朝鮮学校を支える会（県・高両教組）/ 朝鮮学校を支える女性議員の会 / 千葉ハッキョの会

◆街宣行動
日時：1/23（水）　17:00 ～
場所：千葉駅東口
主催：千葉ハッキョの会

◆千葉県日朝友好新春の集い
1 部　講演（金丸信吾さん）　2 部　宴会
日時：2/2（土）　15:00 ～
場所：ホテルグリンタワー幕張
主催：日朝友好千葉県の会・総連千葉（共催）

【埼玉】

◆「埼玉朝鮮学校補助金支給」を求めるアクション・街宣行動
日時：2/22（金）　12：00 ～
場所：埼玉県庁　ＪＲ浦和駅前
主催：外国人学校・民族学校の制度的保障を実現するネットワーク埼玉

◆　埼玉朝鮮学校への補助金支給を求める 2.22 集会
日時：2/22（金）　16：30 ～ 18：30
講演「民族差別の根源を問う」　講師：高橋哲哉さん
場所：浦和コミュニティセンター第 15 集会室
主催：外国人学校・民族学校の制度的保障を実現するネットワーク埼玉

【東京】

◆最高裁勝利を目指して！朝鮮学校の子どもたちに笑顔を！東京集会
日時：2/2（土）　19:20 ～
場所：武蔵野公会堂ホール
主催：東京朝鮮高校生裁判を支援する会 /「高校無償化」からの朝鮮学校排除に反対する連絡会 / 学校法人東京朝鮮学園 / 東京朝鮮中高級学校 / 東京朝鮮学校オモニ会連絡会

◆映画「アイたちの学校」上映会
日時：2/20（水）　19：00
場所：連合会館大会議室
主催：「アイたちの学校」東京上映委員会

◆水曜行動（街頭演説）
日時：1/17・4/17（水）
場所：町田カリヨン広場、成瀬駅前
主催：西東京朝鮮第二幼初中級学校

朝鮮高校生裁判支援全国統一行動「私たちの願い・

私たちの願い・朝鮮学校生に

【兵庫】
◆朝鮮学校に「高校無償化法」の適用を求める講演会
日時：2/17(日)
場所：神戸市勤労会館 308
主催：日朝友好兵庫県民の会

【岡山】
◆祝「6.15 南北共同宣言」記念講演会 「激変する朝鮮半島情勢～元外交官が語る日本のとるべき道」(講師：浅井基文さん)
日時：2/14(木)
場所：岡山国際交流センター２階「国際会議場」
共催：日本と南北朝鮮との友好を進める会 / 岡山県平和センター

【広島】
◆無償化裁判勝利に向けて街宣活動
日時：1/19(土) 17:00 ～ 18：00
場所：広島市街一本通り
主催：日朝教育シンポジウム参加者
◆第 20 回日朝教育シンポジウム
日時：1/20(日) 8：30 ～
場所：広島朝鮮初中高級学校
◆広島控訴審第４回報告会並びに全国統一行動ｉｎ広島
日時：2/12(火) 16：00 ～
場所：広島弁護士会館
主催：民族教育の未来を考える・ネットワーク広島、日朝友好広島県民会議、広島無償化裁判を支援する会、広島無償化裁判弁護団
◆全国統一行動記念公演 一人芝居「チマチョゴリ」(劇団タルオルム)
日時：2/15(金) 15：00 ～ 19：00 ～
場所：広島朝鮮初中高級学校
主催：広島無償化裁判を支援する会

【山口】
◆県庁前シュプレヒコール⇒国連子どもの権利条約委員会対日審査の報告(朴陽子さん・朝鮮学校オモニ代表団)
日時：2/13(水) 11：30 ～ 14：30
場所：山口県庁・県政資料館
主催・朝鮮学校を支援する山口県ネットワーク・山口補助金対策委員会

【福岡】
◆高校無償化即時適用実現全国統一行動に連帯する福岡街宣行動
日時：2/9(土) 12:30-13:15
場所：北九州市「小倉駅南口」
主催：高校無償化即時適用実現全国統一行動に連帯する福岡県民実行委員会
◆高校無償化即時適用実現全国統一行動に連帯する、釜山トンポネット・「ハムケヘヨ」コンサートＩＮ北九州
日時：2/9(土) 14:00-16:30
場所：北九州国際会議場メインホール
主催：釜山トンポネット・「ハムケヘヨ」コンサートＩＮ北九州実行委員会

【京都】
◆朝鮮学校と民族教育の発展をめざす会・京滋（こっぽんおり） 連続講座
日時：2/14(木) 18：45 ～
場所：同志社大学今出川キャンパス・良心館 1 階ＲＹ105 教室
主催：朝鮮学校と民族教育の発展をめざす会・京滋
◆朝鮮学校への『高校無償化』適用を求める火曜アクション in 京都＜適用 6 年から適用元年へ！＞
日時：2/26(火) 18:00 ～
場所：四条河原町・四条烏丸・三条京阪
主催：火曜アクション事務局

【大阪】
◆ジュネーブ子どもの権利委員会報告
日時：2/15(金) 18：30 ～
場所：東成区民センター大ホール
主催：朝鮮高級学校無償化を求める連絡会・大阪
大阪府オモニ連絡会
◆モアフェスタ
日時：3/24(日) 13:00 ～ 16:30
場所：クレオ南
講師：中村一成 歌：川口真由美
出演：朝鮮高校舞踊、オモニ会の歌

【奈良】
◆奈良朝鮮幼稚班学芸会＆
上映会「アイたちの学校」
日時：2/17(日) 開場 13:00 ～
場所：奈良朝鮮幼稚班 ２Ｆ講堂
主催：奈良朝鮮幼稚班
◆街頭宣伝行動
日時：2/17(日) 17:30 ～
場所：近鉄八木駅

【三重】
◆講演会「朝鮮半島を取りまく情勢について」
日時：2/16(土)
場所：サンワーク津
主催：日朝友好三重県民会議

【愛知】
◆ 無償化デー学習会
「オモニたちが国連子どもの権利委員会で
朝鮮高校無償化除外問題を訴えてきた」
日時：2/9(土) 11:30 ～ 13:00
場所：愛知朝鮮中高級学校 ５Ｆ多目的室
主催：朝鮮高校にも差別なく無償化適用を求めるネットワーク愛知

【韓国：ソウル】
◆金曜行動
日時：毎週金曜日
場所：ソウル日本大使館前
主催：ウリハッキョと子どもたちを守る市民の会

【韓国：プサン】
◆朝鮮学校差別反対プサン街頭文化祭
日時：２月２日(土) 14：00 ～
場所：プサン・ソミョン・ジュディステファ交差点
主催：朝鮮学校と共にする市民の会(釜山)

	原告	請求内容	提訴日
大阪	大阪朝鮮学園	不指定処分取消、指定義務づけ	2013.1.24
愛知	生徒・卒業生10名	国家賠償請求	2013.1.24
広島	広島朝鮮学園	不指定処分取消、指定義務づけ	2013.8.1
	生徒・卒業生110名	国家賠償請求	
福岡	生徒・卒業生68名	国家賠償請求	2013.12.19
東京	生徒62名	国家賠償請求	2014.2.17

●安倍政権による排除と東京朝高生裁判支援

民主党政権は、この問題について迷走を続け、自ら定めた「高校無償化」法の理念を実現できないままに政権交代となった。2012年12月、安倍政権は発足するや否や、朝鮮学校排除を発表した。これに対して私たちは、2013年3月31日、「朝鮮学校はずしにNO！すべての子どもたちに学ぶ権利を！全国集会&パレード」を日比谷公園大音楽堂（日比谷野音）で開催、参加者は最大の6000人となった。

政府による朝鮮学校排除がはっきりしたことにより、学校や生徒が原告となった裁判によって問題を解決することが目指された。2013年1月24日に大阪と愛知で朝鮮学校「無償化」裁判が提訴され、これに広島、九州（福岡）、東京が続いた。

東京では、2014年2月、東京朝鮮中高級学校の高校生62名が原告となり、国家賠償請求訴訟を起こした。私たちは「高校生だけに闘わせるわけにはいかない」との思いで、提訴翌日、「東京朝鮮高校生の裁判を支援する会」を結成し、裁判支援運動を行った。他の4か所の裁判でも、日本人市民が中心となった裁判支援の会が立ち上がった。

裁判費用については、会費に加えて多額のカンパが寄せられ、費用の面から裁判闘争を支えることができた。朝鮮高校生がデザインしてくれた支援グッズ（クリアファイル、ふせん）も制作した。口頭弁論では、東京地裁・高裁の一番大きな傍聴席（約100席）を毎回満席にし、さらに定員を大きく上回る傍聴希望者を集めて、社会的な関心の高さを裁判官に示すことができた。傍聴席に入りきらなかった参加

者を対象にミニ学習会（内容は在日本朝鮮留学生同盟が担当）を準備し、口頭弁論終了後に報告集会を開催した。裁判支援にあたって私たちは、「裁判の社会化」を意識し、裁判の意義を社会に訴え、多くの市民の支持を得ることを目指した。この目的のため、『ヨンピル通信』を発行した（バックナンバーは今でもインターネット上で公開）。公式ブログやFacebookなどでも発信した。

東京朝鮮高校生「無償化」裁判では、安倍政権による朝鮮学校排除を担当した文部科学省の官僚2人を証人尋問することが実現した。驚くべきことに、東京の裁判で証言台に立った官僚は、省令改定が政治的外交的理由によって行われたことを否定した（『ヨンピル通信』12号参照）。大臣が、記者会見ではっきりと述べていたにもかかわらず、である。大阪地裁判決（2017年7月）は、下村文科大臣が「後期中等教育段階の教育の機会均等とは無関係な（中略）外交的、政治的意見に基づき、朝鮮高級学校を支給法の対象から排除するため」に省令改定をしたと認定し、そのような省令改定は「違法、無効」であるとした。これが、5か所の朝鮮高校「無償化」裁判で唯一の原告勝訴判決であり、常識的合理的な判決であった。一方、ほとんどの判決は省令改定の是非について「判断の必要がない」などと述べて判断しなかった。重要なので繰り返しておきたい。外交的政治的意見に基づいた朝鮮学校排除は、法に照らせば違法で無効なのである。だからこそ文科官僚は、朝鮮学校排除のための省令改定が外交的政治的理由で行われたことを否定したのだった。

しかし裁判の結果は、2019年8月27日の最高裁判所の上告棄却決定により、原告敗訴となった。私たちは、最高裁決定直後の30日に、「最高裁不当決定を許さない！路上記者会見&緊急集会」（文科省前・

600人参加）を開催して抗議の声を上げた。裁判所は、高校生たちの人権を保障する役割を放棄したと言わざるを得ない。

2015年2月20日の文科省包囲行動

●私たちの運動は道半ば

私たちは、裁判所に不当判決を出させない世論を作り上げることができなかったことを直視しながらも、あきらめることなく取り組みを続けている。自治体の補助金停止・削減の問題、コロナ支援における差別、「幼保無償化」における朝鮮幼稚園差別など、問題は解決するどころか広がり続けている。裁判終結を受けて、「高校無償化」からの朝鮮学校排除に反対する連絡会と東京朝鮮高校生の裁判を支援する会は改組して、朝鮮学校「無償化」排除に反対する連絡会（以下、無償化連絡会）となった。今後の展望を語ることは簡単ではないが、手掛かりとなる取り組みを紹介したい。

2013年5月31日、朝鮮大学校の学生たちが文科省前「金曜行動」（毎週）を始めた。この行動は、「無償化」連絡会の呼びかけで行われている「朝大生につづく勝手に金曜行動」に引き継がれ、2022年末現在で453回を数えるに至っている。東京都西部（多摩地域）では、在日本朝鮮女性同盟西東京本部が中心となって、「水曜行動」（各地の駅頭でのアピール行動）が取り組まれ、日本人市民も参加した。「朝鮮学校とともに・練馬の会」では、毎月20日の駅頭アピールを続けている（第4章参照）。こういった取り組みは、運動を継続させる力となっている。

これまでの運動の中で、私たちは韓国の市民運動との連帯を積み重ねてきた。詳しくは3に譲るが、コロナ禍で中断した訪日団も再開しつつある。この連帯はますます発展させなければならない。

「無償化」問題が起きる前、東京では、日朝友好の団体は存在していたものの、個別の朝鮮学校と関係を持ちながら、学校を取り巻く諸問題に取り組むことを目的とした市民団体は、ウリの会でつながっている東京西部の数団体と、江東区の枝川朝鮮学校支援都民基金くらいであった。それがこの運動をきっかけに、「阿佐ヶ谷朝鮮学校サランの会」（東京朝鮮第九初級学校の支援）と「すべての学校に高校授業料無償化を！練馬の会」（後の「朝鮮学校とともに・練馬の会」）ができた。また、荒川区で「朝鮮学校も無償化に！下町集会」（2010年7月）が開かれたり、朝鮮学校とは直接かかわりのないテーマに取り組む団体が無償化問題の学習会を開催したりするなど、取り組みが広がった。無償化連絡会では、「地域から世論を変える！」という方針をもって都内各学校への支援団体立ち上げを働きかけた結果、新型コロナの困難を乗り越えて、取り組みが実を結びつつある。2020年8月には東京朝鮮第六幼初級学校（大田区）に「東京朝鮮第六幼初級学校友の会（だいろく友の会）」が、2021年10月には東京朝鮮第四初中級学校（足立区）に「東京朝鮮第四幼初中級学校を支援する会」が、2023年2月には東京朝鮮第三初級学校（板橋区）に「東京朝鮮第三初級学校とともに歩む会」が結成された。東京朝鮮第五初中級学校（墨田区）でも、支援団体結成の機運が高まりつつある。

差別に反対し、朝鮮学校の子どもたちの学ぶ権利を保障するための運動は、まだまだ道半ばである。朝鮮学校を知ること、行ってみること、朝鮮学校を支援すること、無償化連絡会の会員になること、差別反対の声を上げること、できることから取り組むことをすべての人に訴えたい。

国家資格と朝鮮学校

金東鶴《キムドンハク》（編集委員）

朝鮮学校卒業生が国家資格を取得するにあたり、かつては多くの壁が立ちはだかっていた。しかし、2003年、大学入学資格における弾力化措置がとられることとなり、2004年度から朝高卒業生へもほぼすべての大学への受験の門戸が開かれたことに連動して、看護学校や鍼灸学校、その他、社会福祉士や歯科技工士、あん摩マッサージ指圧師、柔道整復師等になるための専門学校への門戸も大きく開かれるところとなった。

旧司法試験においては、日本の大学では一定の講義の単位を取りさえすれば免除された一次試験が、朝鮮大学校（東京都小平市）に通う学生らは免除されず、朝大の法律学科ができた1999年以降、同試験を目指す学生らは他大学の通信課程にも在籍するといういわゆるダブルスクールを余儀なくされていたが、2004年8月には法務省が、朝大卒業生にも一次試験免除を認める省令改正を行うこととなる。

また、東京都が、正式に朝大教育学部保育科を明くる年の3月に卒業する見込みの在学生にも受験資格を認めるという判断をし、保育士試験の受験資格が朝大在学生にも認められることとなる（12月）。

そして、2005年には、朝大卒業生に社会保険労務士の受験資格の道を開く厚労省通知が出され（1月）、税理士試験受験資格通知書も初めて（日商簿記一級等の資格を取ることなしに）朝大経営学部の在学生に出されることとなる（5月）。規制緩和の文脈で2006年度より受験資格において学歴等の要件が無くなった公認会計士、不動産鑑定士も含め、難易度の高いこれら多くの資格試験において受験への障壁が取り払われることとなったのである。

その後も2012年4月には、朝大卒業生も一般の大学卒業生同様、社会福祉士養成施設に進学し、同施設において1年以上社会福祉士として必要な知識及び技能を修得すれば、実務経験を求められることなく同試験を受験できることとなり、2015年10月には、衛生管理者免許試験の受験資格においても朝大生への要件が一般の大学卒業生と同じになるなどの前進があった。

このように一つ一つ壁が崩れていったわけだが、そのほとんどが当事者や支援者の粘り強い要求によって解決したものである。しかも、あまり知られていない資格の中では、まだ解決していないものも無くはないのが現状だ。一日も早くあらゆる資格から、不条理な壁が取り除かれるべきである。

3 韓国で広がる朝鮮学校支援

●韓国社会と朝鮮学校

朝鮮学校は今日に至るまで、朝鮮民主主義人民共和国（以下、共和国）の支援や繋がりのなかで民族教育を発展させてきた。共和国政府は教育援助費と奨学金（1957年～）を送るなど民族教育を支援してきたのみならず、日本政府による朝鮮学校差別についても抗議や要請を重ねてきた。近年では、「幼保無償化」排除に際しても共和国外務省は談話を発表（2019年8月23日）し、「わが民族の一員である在日朝鮮人を敵対視しながら、弾圧抹殺しようとする露骨な反共和国敵対行為を絶対に許すことはできない」と抗議している。しかし日本では、「北朝鮮」バッシングや独自制裁が続くなかで、こうした祖国と朝鮮学校をめぐる歴史や関係性は非常に歪められて認識されがちである。

一方、韓国政府は日韓条約締結時の1965年通達に代表されるように（第5章参照）、民族教育を保障する措置をとるどころかむしろ朝鮮学校を潰そうとしてきた歴史がある。韓国社会でも、長い間、朝鮮学校という民族教育機関が日本にあることさえほとんど知られていなかった。

しかし、在日朝鮮人や朝鮮学校の権利、土地問題をきっかけに２０００年代以降、様々な支援運動が韓国で広がっていった。東京都が東京朝鮮第二初級学校（江東区枝川）の土地明け渡しを求めた裁判（２００３年〜２００７年）や、京都・ウトロの土地問題などをきっかけに、韓国の市民団体による募金運動、支援運動が幅広く行われるようになった。

１９９９年には、南・北・在外同胞の交流と協力を目的として韓国の市民団体・ＫＩＮ（Korean International Network＝地球村同胞連帯）が結成され、枝川朝鮮学校支援募金や「ウトロ国際対策会議」の組織など、様々な支援運動が行われるようになった。また２００６年には、北海道の朝鮮学校を取材した金明俊監督によって製作されたドキュメンタリー映画『ウリハッキョ』が韓国各地で上映され、朝鮮学校への関心はより高まっていった。

さらに２０１０年以降、「高校無償化」排除、地方自治体による補助金カットなど、日本での朝鮮学校に対する差別が強まるなか、韓国社会内では多くの人が共感を寄せ、カンパを集め、署名を行うなどの活動が活発になっていった。

●「モンダンヨンピル」、「ウリハッキョと子どもたちを守る市民の会」の結成と活動

２０１１年には、東日本大震災で大きな被害を受けた宮城（仙台）や福島（郡山）などの朝鮮学校を支援しようと金明俊監督や韓国のアーティストらが中心となって、支援団体「モンダンヨンピル」（ちびた鉛筆）が結成された。

モンダンヨンピルは、韓国内での公演活動を展開し、朝鮮学校の支援を呼びかけてきた。そして会員

とアーティストで訪問団を作り、各地の朝鮮学校への訪問、日本公演を展開し、収益を寄付してきた。

また、2011年9月24日には、モンダンヨンピルと無償化連絡会は共同で、高校無償化排除と補助金カットの撤回を求める共同声明を発表した。東京・中野ゼロホールで行われた「モンダンヨンピル・チャリティコンサート」（2012年6月）には、1500人をこえる市民が参加した。近年でも、2022年には日本と韓国の同時開催で「朝鮮学校映画祭」が行われるなど、結成以来、朝鮮学校支援活動が絶え間なく続けられている。

また2014年6月には、法曹団体、宗教団体、労働組合、女性団体、農民団体、KINやモンダンヨンピルなどの市民団体が参加する形で、「ウリハッキョと子どもたちを守る市民の会」が結成された。この会は、2014年11月から2022年まで計16回の訪日団を組織し、毎回、数十名が金曜行動への参加、文科省への要請行動と記者会見、朝鮮学校関係者との交流会、青山墓地・「無名戦士の墓」の訪問などを行った。さらにこの訪日団をきっかけに、無償化連絡会の共同代表らも訪韓して講演するなど、国境を越えた連帯の朝鮮学校支援の輪は広がっていった。このような流れのなかで、『朝鮮学校物語』が日韓両国で出版された（韓国版2014年、日本版2015年）。

近年では、ニューヨークの日本総領事館前でも日本政府による朝鮮学校差別への反対を訴えるアクションが行われるなど、差別是正を求める朝鮮学校支援の輪は世界的な広がりを見せている。

生徒に希望を託した金福童《キムボクトン》ハルモニ

梁澄子《ヤンチンジャ》（一般社団法人「希望のたね基金」代表理事）

第２回金福童奨学金授与式にて

「どういうわけか、あの子たちを見ると涙が出る」

金福童ハルモニは、朝鮮学校の生徒たちへの思いをこう語った。

異国の地、しかも日本で、チマチョゴリを身につけた少女たちの姿が、満14歳で日本軍の「慰安婦」にされ、異国を転々としなければならなかった、自身の幼い頃を思い出させたのかもしれない。ハルモニは、金福童奨学金の授与式や朝鮮大学校での講演で、「異国でも堂々と生きなさい、皆さんには祖国があるんだから」と熱を込めて語った。

２０１２年９月に大阪の生野朝鮮初級学校を訪問して以来、金ハルモニは大阪に行くたび、大阪府内の朝鮮学校を訪れた。朝鮮学校を訪問すると、全校生徒に鉛筆やノートを贈った。金ハルモニは文房具を贈るだけでは気が済まない様子で、ある日、もっと何かしてあげたいと言ったという。挺対協はその意思を汲んで「金福童奨学金」を創設。初年度は設立したばかりの私たち「希望のたね基金」がその業務を委託されて、高校無償化から排除された朝鮮学校高級部の生徒２名に奨学金を伝達した（２０１７年７月）。翌年は６名に拡大。さらに２０１８年末には金福童ハルモニを名誉会長とする「金福童の希望」が韓国で正式に発足し、金ハルモニ死去後も奨学事業を継続している。

私は、「金福童の希望」が発足した日に、その場に同席した。２０１８年11月22日。金福童ハルモニはすでに全身を癌に蝕まれて入退院を繰り返しており、床から起き上がるのもやっとという状態だったが、残る財産５０００万ウォンを「金福童の希望」に託しながら、こう言った。

「希望をつかみ取って生きよう。私は希望をつかみ取って生きている。私の後についておいで」

城北朝鮮初級学校で。生徒・教職員とともに

生野朝鮮初級学校で生徒たちと

闘い抜いた人の言葉だった。闘い、やり抜いて、しかし最後に残った心配。それが朝鮮学校の生徒たちだった。その生徒たちへの奨学事業を、ハルモニが亡くなった後にも続ける団体ができたのだ。その名も、「金福童の希望」。ハルモニの最後の心配が希望に変わった瞬間だった。

2か月後の2019年1月28日、金福童さんは亡くなった。

4　国連勧告とその履行を求める取り組み

●国連からの度重なる勧告

日本は、いくつかの国際人権条約に加盟しているが、その履行状況をチェックするための委員会が、国連の場に設置されている。その委員会では、無償化制度が始まる2010年から朝鮮学校排除の動きに警鐘が鳴らされてきた。

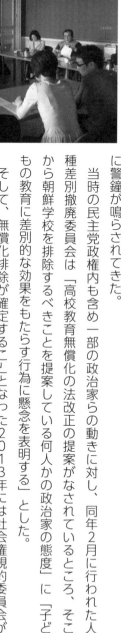

当時の民主党政権内も含め一部の政治家らの動きに対し、同年2月に行われた人種差別撤廃委員会は「高校教育無償化の法改正の提案がなされているところ、そこから朝鮮学校を排除するべきことを提案している何人かの政治家の態度」に「子どもの教育に差別的な効果をもたらす行為に懸念を表明する」とした。

そして、無償化排除が確定することとなった2013年には社会権規約委員会が「委員会は、締約国〔日本のこと、以下同じ〕の高校教育授業料無償化プログラムから朝鮮学校が除外されていることを懸念する。これは差別である。差別の禁止は、教育のあらゆる側面に全面的かつ即時的に適用され、また国際的に定められたすべての差別禁止事由を包含していることを想起しつつ、委員会は、高校教育授業料無償化プログラムが朝鮮学校に通う子どもたちにも適用されることを確保するよう、締約国に対して求める」と明確に差別の是正を求める勧告を出し、翌2014年には、再び人種差別撤廃委員会が「(a)「高校授業料就学支援金」制度からの朝鮮学校の除外、（b）朝鮮学校へ支給される地方自治体の補助金の凍結または継続的な削減」について懸念を表明し、「朝鮮学校が『高校授業料就学支援金』制度の恩恵を受けることができること、および、地方自治体に対して、朝鮮学校への補助金の支給を再開しまたは維持するよう促すことを締約国に奨励する」と勧告した。同委員会は「締約国が国連教育科学文化機関（ユネスコ）の教育差別禁止条約（1960年）への加入を検討するよう勧告する」ともしている。

「高校無償化」からの朝鮮学校排除の是正を求める同様の勧告は、2018年の人種差別撤廃委員会、2019年のこどもの権利委員会、2022年の自由権規約委員会からも出されている。

また、コロナ禍で大学生に緊急支援金10万円が支給された中で、朝鮮大学が排除されたことについては、国連の人権理事会から任命された様々な人権問題に取り組む4人の特別報告者が連名で差別是正を勧告している（2021年2月19日）。

2016年6月無償化連絡会が群馬学校訪問。子どもたちと記念撮影

●国連からの勧告を無視した安倍政権

無償化連絡会では、朝鮮学校だけ無償化制度から排除することは差別であり、是正するようにというこれら勧告にしたがい、一日も早い問題解決を文科省に求めてきた。しかし、あろうことか日本政府は、勧告をないがしろにする態度をとるようになっ

ている。

2013年6月、紙智子参議院議員から出された日本軍「慰安婦」に関する勧告についての質問主意書に対して、安倍政権は「国連の人権勧告に従う義務なし」と閣議決定してしまったのだ。以後、無償化連絡会の文科省交渉においても、出席した文科官僚はこの非常識な閣議決定をオウム返しするようになった。

●「国連・人権勧告の実現を!実行委員会」の立ち上げ

こうした状況を受け、無償化連絡会から様々な人権課題に取り組む団体に共闘を呼びかけ「国連・人権勧告の実現を!実行委員会」が立ち上げられた。同委員会では、2013年9月に第1回の学習会を開催したのを皮切りに、12月には発足記念集会を明治大学で開催。以降、福島原発事故後の住民の健康被害、セクシャルマイノリティ、外国人労働者、死刑制度、部落問題、婚外子差別、「慰安婦」問題、難民問題、入管施設での長期拘留問題、こどもの権利条約、個人通報制度等、様々な問題を扱った学習会を開催してきた。そして、毎年12月10日の「世界人権デー」に合わせて集会とデモを積み重ねてきた。

同実行委員会は、国連審査では「日本はまるで中世のようだ」という言葉が発せられるほど国際感覚からは遠い日本の人権状況を変えるには、国会議員との連携が必要だと考え、同委員会ではロビー活動

も精力的に行っている。結果、第1回目の集会時には10人だった国会議員のメッセージは2021年には30人に上ることとなった。

日本政府は勧告には法的拘束力はないとし、特別報告官については個人の資格で発言しているに過ぎないと居直っている。しかし、憲法第98条第2項に定めるように日本が加入した条約にはこれを遵守する法的義務がある。そして、それが履行されていないが故に是正を求められているのである。日本政府の詭弁を罷り通らせてはならない。

そのために、より多くの人々と手を携え、ともに「国連・人権勧告の実現を！」の声をより大きくしていくことが重要であり、朝鮮学校への差別を無くさせるためにも、大きな課題の一つである。

朝鮮学校と地域社会

金東鶴《キムドンハク》（編集委員）

朝鮮学校と地域社会との関わりはあまり知られていないものの少なくない。

北海道では１９９７年から同じ札幌にある日本の学校で教える日本人教員が、朝鮮学校の教壇に立ち、授業を行うという「日朝交換授業会」が、30年近くに亘って取り組まれている。

また、埼玉では朝鮮学校に通う子どもやその保護者たちが、近隣の見沼福祉農園に集う方々との交流や共同作業を行っている。またサッカー13歳以下（U13）による大会に出るため、ともに選手不足を補う形で市立大宮南中と結成した合同チームで、２０２１年度にはさいたま市予選を通過し、埼玉県南部地区大会に出場したりもしている。

東京都足立区にある東京朝鮮第四幼初中級学校は、２００６年より同区の「指定災害時第一次避難場所」に認定されており、過去最強クラスの大雨と暴風を記録した２０１９年の台風19号襲来時には13人の日本人市民を含む46人が同校に避難、そして、それへの感謝の意を伝えるため近藤やよい区長が総合防災対策室の職員とともに翌年４月に同校を訪れるということもあった。

災害時の助け合いでは、あの阪神・淡路大震災時には家を失って行き場をなくした近隣住民に東神戸朝鮮初中級学校（現、神戸朝鮮初中級学校）が校地を開放、在日朝鮮人と日本人が分け隔てなく同校で共に寝泊りし、同校に寄せられる支援物資による炊き出しには３００人以上が列を作ったという。近所の人に配ったあずきが、お汁粉になって返ってきたこともあったそうだ（１９９５年１月27日朝日新聞）。また東日本大震災時には、震災直後、東北朝鮮初中級学校にて在日朝鮮人や近所の住民ら約50人が避難生活を送っていた。同校には全国の在日朝鮮人から食料や医薬品などの救援物資が寄せられていたが、同校の避難者たちは食事を朝夕の２回に制限し、近くの小学校や市民センターなどにそれぞれ２００人分のおにぎりを握って届けたという（２０１２年２月27日毎日新聞）。

その他、各地の朝鮮学校で行われるバザーやフェスタ等の行事に訪れる近隣住民も少なくない。このように地域との草の根の繋がりは少なくなく、朝鮮学校支援の取り組みも多くの地域で多種多様な形で行われている。

第2章　審判を受けるべき者は誰か——東京訴訟が問うたもの

李春熙《リチュニ》（弁護士）

２０１９年8月27日、最高裁は「高校無償化」裁判・東京訴訟について生徒らの訴えを退け、上告棄却、上告不受理の決定をした。絶対に勝訴判決を取らなければならなかった裁判が敗訴で終了してしまった、その事実は重く、筆者は弁護団の一員として責任を痛感している。

しかし、東京訴訟では、法律論を重視するとともに事実経過の解明に心血を注ぐたたかいを行った結果、いくつかの重要な成果を残した。以下では、東京訴訟の経過を中心に5年間の裁判闘争をふりかえる。

●自民党政権の発足と朝鮮学校の排除

高校無償化法は、本来、「希望の法」となるはずだった。

高校無償化法のもとでの就学支援金制度は、1条校だけではなく朝鮮学校をはじめとする外国人学校も制度の対象とすることを想定しており、文部科学省は、朝鮮学校の生徒も含めて予算の概算要求を行っていた。当初の予定通り朝鮮学校が適用対象となっていれば、歴史上はじめて、国庫からの支援が直接朝鮮学校及び朝鮮学校の生徒・保護者らに行き渡るという画期的な契機となったはずだったのである。

しかし、民主党政権下で、紆余曲折を経るなか最終的な適用判断が先送りされ、２０１２年12月の総選挙の結果自民党政権が発足すると、朝鮮学校は制度から除外される。

新たに就任した下村博文文部科学大臣は、朝鮮学校を排除するという既定の方針にもとづき、就任のわずか2日後である同年12月28日、朝鮮学校指定のための根拠規定である規定ハ（高校無償化法施行規則第1条第1項第2号ハ）を削除する省令改正手続に着手し、その後実際に、２０１３年2月20日付で規定ハを削除し、同日、全国の朝鮮学校を不指定とする不指定処分をした。省令改正を発表する記者会見において、下村文部科学大臣は、「朝鮮学校については、拉致問題の進展がないこと…等から、現時点での指定には国民の理解

が得られず、不指定の方向で手続きを進めたい」、「外交上の配慮などにより判断しないと、民主党政権時代の政府統一見解として述べていたことについては、当然廃止をいたします」と明言した。朝鮮学校指定のための根拠規定が削除された結果、継続中の審査は打ち切られた（「指定に関する規程」（本件規程）15条参照）。

朝鮮学校は、結論ありきの政治的外交的判断により、根拠規定の削除という「荒技」「禁じ手」によって制度から除外された。希望の法だったはずの「高校無償化法」は、差別と排除の象徴と化した。

●東京訴訟の戦略

各地の朝鮮学校及び学生生徒らが、朝鮮学校の指定や、国の違法行為による賠償を求めて、提訴に踏み切った。各地では順次弁護団が結成され、それぞれが地域と学校の実情にあわせながら創意工夫して裁判戦略を練った。

東京訴訟の特徴は、「絶対に勝訴判決を得る」という戦略的観点から、争点を可能な限り絞り込み、通常の裁判官が事実と証拠にもとづき判断すれば原告の請求を認めざるを得ないような法律構成と訴訟形態を採用した点にある。

具体的には、東京訴訟では争点を実定法である高校無償化法の解釈・適用論に絞り、あえて憲法や国際人権法、あるいは民族教育の歴史的背景等にもとづく主張を前面に出さなかった。高校無償化法のもとでは「高等学校の課程に類する課程」を有するかどうかのみが本来的な適用要件であり、外交上の配慮ではなく教育上の観点から客観的に指定の可否を判断することとされている。下村文部科学大臣が行った根拠規定の削除は、政治的外交的理由にもとづくものであり、高校無償化法の委任の趣旨を逸脱して違法無効である。弁護団はこのようにシンプルに、しかし鋭利に主張することにした。

そして、就学支援金の受給資格、受給権は学校ではなく生徒にあり、除外による被害者は何よりも生徒たちであるということを端的に示すために、また、行政訴訟の形態を採用することにより行政法固有の論点が浮上することを避けるため、生徒が原告となる国家賠償請求訴訟とした。

このような戦略の前提となったのは、在日朝鮮人の権利闘争の歴史上はじめて、朝鮮学校に対する給付を規定した実定法が成立するに至ったという認識である。弁護団が、この「希望の法」であるはずの高校無償化法の解釈・適用論に争点を絞ったのは必然だった。

●国側の主張

裁判における被告側主張の概要は以下のようなものだった。

規定ハにもとづき、外国人学校が就学支援金制度の対象として指定されるためには、「就学支援金が授業料に係る債権に確実に充当される学校であること」、及び、「教育基本法等の関係法令に即した適切な学校運営をしている学校であること」が要件となる。

そして、「朝鮮高級学校は、朝鮮総聯や北朝鮮から影響を受けているとの指摘があり、その関係性等

により適正な学校運営がされていることについて十分な確証が得られず、このようなことから、就学支援金の支給をする場合に、その在学生に対する授業料に係る債権に充当されないことも懸念されたため、文部科学大臣において、本件朝鮮学校が本件規程13条に適合すると認めるに至らないと判断した」から、文部科学大臣の不指定の判断は不合理なものとはいえない。

なお、朝鮮学校を制度から除外する前提として、根拠規定である規定ハを削除する省令改正を行ったのは、「朝鮮高級学校については、指定に係る審査の過程において指定の基準を満たすかどうかの審査に限界があることが明らかになり、上記のとおり支給対象外国人学校の指定をすることができず、他方、当時、同規定によって指定した一部の外国人学校以外に同規定による指定を求める外国人学校はなく、同規定を存続させる必要性もない」からである、よって省令改正は高校無償化法の委任の趣旨を逸脱するものではない（以上、すべて被告第1準備書面から）。

このように国は、下村文部科学大臣は、政治的外交的理由から朝鮮学校を除外するために省令改正を行ったのではなく、そもそも朝鮮学校が指定のための要件を満たさない疑いがあり、同要件（本件規程13条）に「適合すると認めるに至らない」と判断し不指定処分とした、そして朝鮮学校以外に指定を求める外国人学校がなく規定ハを存続させる必要もなかったことからこれを削除した、と主張した。

つまり、原告側が、下村文部科学大臣は朝鮮学校を除外することを政権交代前から決定しており、自民党政権発足後、朝鮮学校排除を実現するために根拠規定（規定ハ）を削除した（不指定はその結果にすぎない）と主張したのに対し、国は、それとは正反対に、朝鮮学校が要件をみたさない（「適合すると認めるに至らない」）ことが不指定処分の理由であり、規定ハの削除は「念のため」に行ったにすぎないと主張したのである。

●「2つの理由」論争の意味

ここで、不指定処分の理由をめぐる原告・被告間の対立を、「2つの理由」論争として整理したい。

前記のとおり、自民党政権は「拉致問題の進展がなく国民の理解が得られない」という発言に象徴されるような政治的外交的理由にもとづき、政権復帰前から朝鮮学校を除外するという結論をあらかじめ決めていた。そして下村文科大臣は、朝鮮学校除外を実現するための「手段」として朝鮮学校指定のための根拠規定を削除する、という選択肢を採用した。つまり、「規定ハの削除」が、自民党政権の真意を反映した本来の不指定理由である。

しかし、朝鮮学校関係者が除外に反対して提訴する意向を表明すると、「規定ハの削除」という強引な手法が焦点化されたこともあり、最終的に各朝鮮学園に届いた不指定処分通知書には、不指定の理由として、「規定ハの削除」（理由①）以外に、朝鮮学校が指定のための要件に「適合すると認めるに至らなかった」という理由、つまり「規程13条不適合」（理由②）が付加されていた。

このように不指定通知に現れた「2つの理由」をどのように理解するかについての論争は、裁判を通じて、東京訴訟を象徴する重要なトピックとなっていく。

この「2つの理由」論争は、ともすれば、表層的な、些末な論争にすぎないように感じられるかもしれない。「私たちは、朝鮮学校の民族教育権、あるいは国家による差別とヘイトの問題を論じているはずなのに、なぜ2つの理由がどうとかいう机上の論争にこだわっているのか?」

しかし私は、この論争は朝鮮学校除外の本質を表象する問題であると考えている。理由①は、自民党政権が「朝鮮学校を除外する」という政治的外交的意図にもとづき根拠規定を削除したことの象徴である。一方、理由②は、朝鮮学校の運営が不透明で「不当な支配」を受けている疑いがあることこそが不指定の原因であるとするものであり、朝鮮学校に除外の責任を転嫁する論理である。

このように理由①か理由②かという論争は、自民党政権と文部科学大臣の行為が問われているのか、それとも朝鮮学校の運営体制が問われているのか、という根本的な対立を反映したものである。いうまでもなく理由①が真の理由であり、審判を受けるべきは朝鮮学校ではなく、国、文科省である。

●不指定に至る事実経過の解明

裁判が進む中で、弁護団は、下村文部科学大臣が不指定処分をするに至る事実経過の解明に力を注いだ。

弁護団の主張立証に応ずるように、裁判所は、被告側に興味深い求釈明を行っている。

裁判所は、2014年11月11日の進行協議期日において、「本件不指定処分の理由に関し、本件省令1条1項2号ハを削除したことが独立の理由となる理由」を述べるよう被告に求めた。また、裁判所は2015年6月15

日の進行協議期日で、被告側に「（1）文部科学大臣がどのような資料に基づいて本件処分を行ったか。（2）文部科学省から東京朝鮮学校に対し、本件申請に関する照会等を行った際に、回答や協力を得られなかったことがあるか」の2点に留意して主張を行うよう指示した。

つまり裁判所は、不指定の2つの理由の関係性について疑問を抱き始めていたのである。国がいうように審査の結果朝鮮学校が要件を満たさなかったのであれば、端的に「要件を満たさない」ことを理由に不指定処分を行えばよく、別途、「根拠規定を削除した」ことを理由にする必要は無い。

さらに、朝鮮学校除外に至る事実経過の解明が進むなか、弁護団は重要な証拠資料の獲得に成功する。文部科学大臣が不指定処分及び省令改正を行った際の決裁文書がそれである。

このうち不指定処分についての決裁文書には、「件名」欄に、「…施行規則第1条第1項第2号ハの規定の削除に伴う朝鮮高級学校の不指定について」という記載があり、また、その下段の「伺い文」の欄には、「本件は、…ハの規定の削除に伴い、朝鮮高級学校を不指定とするものである」との説明書きがあった。いうまでもなく、行政庁における意思決定は、起案担当者が起案した後、何重にも及ぶ確認を経て最終的に大臣、副大臣、政務官らの決裁を経て行政行為として完成する。そのような重要な決裁文書に「ハの規定の削除に伴う」不指定であると記載されている以上、本件不指定処分の理由は「ハの規定の削除」でしかありえない。

不指定処分が、規定ハの削除という判断が先行した結果なされたこと（理由①が真の理由であること）は、これらの内部資料から、まさに動かしがたい客観的事実として立証されたといえる。

また、東京訴訟では、全国で唯一、文部科学省の役人に対する証人尋問が実現している。弁護団による究明の結果、決裁文書の作成に関与したことが判明した中村真太郎証人（不指定当時：初等中等教育

局財務課高校修学支援室企画係長）と、国側が自ら調べを求めた望月禎証人（不指定当時：初等中等教育局主任視学官）を法廷で尋問した。

このように全国で唯一被告側の証人が採用され尋問が実現していることからも、裁判所が、不指定処分に至る事実経過を解明しようという意欲を有していたことは明らかといえる。

●東京地裁判決

以上のとおり、東京訴訟では、不指定処分に至る事実経過の究明に注力し、その結果、下村文部科学大臣による不指定処分が、「政治的外交的理由」により根拠規定を削除して朝鮮学校を除外するという判断があらかじめなされた結果であることを徹底的に暴露できたと考えている。

しかし、2017年9月13日の東京地裁判決は、このような審理経過を全く無視したものであった。

東京地裁判決（田中一彦裁判長）は、被告国による、朝鮮学校は、朝鮮総連等から「不当な支配」（教育基本法16条1項参照）を受けている疑いがあり、本件規程13条の適合性判断に際してそのような事情を斟酌することが許される、文部科学大臣は、公安調査庁作成の文書や産経新聞の報道等をふまえ、朝鮮学校が「本件規程13条に適合すると認めるに至らない」と判断して不指定処分とした、という主張をふまえて、文部科学大臣の不指定処分に裁量権の範囲からの逸脱・濫用はないとした。そして、「そうである以上、本件省令改正が支給法2条1項5号の委任の範囲を逸脱するものであるか否か…

は、本件不指定処分の適法性の判断を左右するものではないから…判断する必要がない」として、規定ハの削除の違法性については判断を回避した。

東京地裁判決は、不指定処分が政治的・外交的理由によりなされたこと自体を認めなかった。判決は、「拉致問題の進展がないこと…等から…不指定の方向で手続きを進めたい」などの下村文部科学大臣の発言については、「その内容を素直に見れば、本件不指定処分等の個別具体的な処分やその理由について述べたものではないことが明らか」、「下村文部科学大臣の上記発言をもって本件不指定処分が事実上決定されたものと認めることはできない」とし、さらに、規定ハの削除についての決裁文書に文部科学大臣、拉致問題等担当大臣、総理大臣らの発言が引用されていたことは、「飽くまでも『参考』として掲げられているものにすぎない」とし、不指定処分についての決裁文書の件名等が「ハの規定の削除に伴う朝鮮高級学校の不指定について」とされていたことについては、「決裁・供覧文書の起案者が決裁権限のない職員であったこと…に照らすと、その件名欄等の記載が不正確なものであることをもって、上記の認定判断を左右するものということはできない」として、不指定処分が「政治的・外交的理由」であることを示すはずの明白な事情について、いずれも正当に評価しなかった。

東京訴訟では、訴訟の終盤まで審理を担当し文部科学省担当役人の証人採用を決定していた岸日出男裁判長が、結審直前に交代するという事態が生じていた。このような異例の交代劇が判決に影響した可能性を指摘せざるを得ない。

●「2つの理由」の論理的関係性——控訴審第1回期日の高揚

弁護団は控訴した。

控訴審で弁護団は、不指定処分の真の理由は「規定ハの削除」(理由①)でしかありえないことを裁判所に認識させることに改めて注力した。

2018年3月20日に開かれた控訴審第1回期日で、東京高裁第8民事部の阿部潤裁判長は、被控訴人国側に数十分にわたって詳細、緻密な求釈明を行った。阿部潤裁判長は、「国が説明する不指定の理由に変遷がある。規定ハが削除されたとする理由①と、規定ハの存続を前提とする理由②が、『及び』でつながって不指定処分通知書に記載されている。両者の論理的関係性について説明せよ」と指示した。裁判所がはじめて「2つの理由の矛盾、関係性」に注目した瞬間だった。

さらに、上記の求釈明に答えて国が提出した被控訴人第1準備書面で、国側も、「理由①と理由②は論理的に両立しない」こと、どちらが不指定処分の理由として成り立ち得るかは「規定ハ削除の効力発生時期と本件不指定処分の効力発生時期との時間的先後関係により決まる」ことを正面から認めた。

省令改正の効力発生日は官報掲載日(2014年2月20日)であり、一方、行政処分の効力発生日は「通知が到達した日」であるから、不指定処分の効力発生日は2月20日に発送された不指定処分通知書が東京朝鮮学園に到達した2月21日以降である。規定ハ削除の効力発生時期が先であることが明らかであり、理由①のみが成り立ち得ることが事実上確定したといってよい。

また高裁では、元文部科学事務次官前川喜平氏の陳述書を証拠提出した。前川氏は、高校無償化制度発足時の担当審議官であり、その陳述内容は事案解明のための一級資料であった。

●東京高裁判決

理由①と理由②が論理的に両立しえず、どちらが真の理由であるかは、規定ハ削除と不指定処分の効力発生時期の先後関係で決まる、という構図が確定した以上、弁護団は、裁判所がようやく理由①（＝規定ハ削除）の違法性について判断する条件が整ったと考えた。逆転勝訴の条件は揃ったかにみえた。

しかし、控訴審判決は、「不指定処分が相手方に到達して効力が発生する前であっても、内部的には成立していたものと認められるから、理由②も不指定処分の理由となりうる。理由①と理由②は論理的に両立し得ないが、理出①がなければ理由②が成り立ち得ないという関係にはない。不指定処分の理由は理由①であるとはいえない」などとして、控訴を棄却した。

判決を聞きながら私は、「裁判長、あの第1回期日は何だったのですか？　あなた自身が2つの理由は論理的に両立し得ない、この点についての判断が裁判の分水嶺となると述べていたではないですか？」と叫びたい衝動を抑えるのに必死だった。

●最高裁での敗訴が確定

控訴審ではじめて2つの理由の論理的関係性が問題となったにもかかわらず、高裁判決はその点を全く無視し、不指定処分は2013年2月20日時点で「内部的に成立していた」から、相手方への到達が省令改正後になったとしても不指定処分の有効な理由になりうる、という強引な論理により控訴を棄却した。

このような解釈は、行政法の解釈として極めて異例なものである。最高裁判例は、行政処分は「相手方に到達したとき」に効力を生ずると幾度となく判示している。判例に従えば、不指定処分は朝鮮学園に到達した2月21日にはじめて効力を生ずるが、この時点で本件規程は省令改正により削除されているから、「規程13条不適合」（理由②）が有効な理由になるはずがないのである。弁護団は、上告審においてこの点に注力して最後の望みをかけた。

しかし最高裁第三小法廷は、２０１９年８月27日、裁判官全員一致の意見で、上告棄却、上告不受理の決定を行った。

●大阪地裁西田判決の意義

東京訴訟は結果として、地裁から最高裁まですべて敗訴で終わった。全国５カ所の裁判も、大阪地裁での唯一の勝訴判決（大阪地方裁判所２０１７年７月28日判決）を除いては、最高裁ですべて敗訴が確定した。

しかし、私たちは、その唯一の例外である大阪地裁判決の意義を、改めて確認し共有していく必要がある。

大阪地裁判決は、東京訴訟や他の地域の判決と、結論、判断手法においてまさしく真逆と言える。大阪地裁判決は、「争点1」として「本件規定（筆者注：規定ハ）の削除の違法性の有無」をまず掲げ、規定ハの削除の違法性が最優先で判断すべき争点であることを正当にも示した。

そして判決は続けて、下村議員が野党時代に朝鮮学校を支給法の適用対象とすることに反対する立場を取っていたこと、下村議員と政治的意見を同じくする義家議員が朝鮮高級学校を支給法の適用対象と

するかは拉致問題を含む国家間の問題であるなどとして本件規定を削除する内容の支給法改正案を提出したこと、下村文部科学大臣は大臣就任後、拉致問題の進展がないこと、朝鮮総聯と密接な関係にあって教育内容、人事及び財政にその影響が及んでいること等から朝鮮学校に支給法を適用することは国民の理解が得られないとして本件規定を削除することとしたこと、下村文部科学大臣は外交上の配慮により判断しないとする民主党政権時の政府統一見解は廃止することを明らかにしたことなどを認定した上で、「これらの事実に照らせば、下村文科大臣は、朝鮮学校に支給法を適用することは北朝鮮との間の拉致問題の解決の妨げになり、国民の理解が得られないという外交的、政治的意見に基づき、朝鮮高級学校を支給法の適用対象から除外するため、本件省令を制定し本件規定を削除したものであると認められる」、「…下村文科大臣は、後期中等教育段階の教育の機会均等の確保とは無関係な外交的、政治的判断に基づいて本件省令を制定して本件規定を削除したものというべきであるから、下村文科大臣が本件省令を制定して本件規定を削除したことは同号による委任の趣旨を逸脱するものとして違法、無効と解すべきである」と判示した。

また、大阪地裁判決は、規定ハの削除の違法性に続けて、規程13条適合性の問題についても、大阪朝鮮学園では私立学校法にもとづき、財産目録、財務諸表等を作成して理事会等を開催していること、所轄庁である大阪府知事から監督を受けており過去に法令違反等を理由とする行政処分等が行われたことがなかったことなどを指摘し、さらに、「当該各種学校において就学支援金が授業料に係る債権の弁済に確実に充当されるか否かの判断につき文部科学大臣の裁量権が認められるものと解することはできない」、「…『不当な支配』の有無についても文部科学大臣の裁量権が認められるものと解することはできない」と判示した上で、大阪朝鮮高級学校の運営実態等を認定・評価し、同校が本件規程13条の要件を満たすと結論づけた。

大阪地裁判決の判断手法・判示内容は、本件不指定処分が政治的・外交的理由によりなされたことに正面から向き合ったものであり、また、文部科学大臣の裁量権を限りなく限定的に解した上で、朝鮮学校の運営実態を裁判所自ら検討し、民族教育としての正当性を認めた、まさしく画期的な判断といえよう。

歴史に残る人権裁判は、往々にして、最高裁では原告側敗訴で終了している。しかし、その最終的結論に至る過程で獲得された下級審判決が、論理においても結論においても最高裁を遥かに凌駕し、後世に残るものとなる場合がある。家永教科書裁判における東京地裁・杉本判決がその好例である。私たちは、大阪地裁西田判決こそを語り継ぎ、本当の先例としていく必要がある。

●成果を継承していくために

東京弁護団は敗訴した。その責任はいうまでもなくとてつもなく重い。

しかし、本稿で述べたとおり、東京訴訟の過程で、決裁文書の獲得や文部科学省証人の出廷など、事実解明が進んだ。真に審判を受けるべきなのは、朝鮮学校除外を推し進めた公権力である、という真相に肉薄した。

またそれだけでなく、裁判に取り組む過程で、各地の弁護団を中心に朝鮮学校に通う子どもたちの権利

を守り、支える弁護士のネットワークが形成された。私たちは、無償化裁判の終了で立ち止まるのではなく、無償化裁判の到達点を分析して蓄積し、朝鮮学校で学ぶ生徒の「民族教育権」を法的に確立するために、弁護士を中心とした法律家が集い議論し、経験を共有し、交流・連携するための場（フォーラム）を作ることにした。２０２２年10月22日、「朝鮮学校を支援する全国弁護士フォーラム２０２２東京」が開催され、２０２３年秋には第２回のフォーラムが愛知で開催される予定である。

また、東京弁護団はこのフォーラムにあわせて弁護団として資料集を編纂し、そこでは裁判における狭義の法律論を超えて、朝鮮学校排除をめぐる社会的、歴史的背景を多角的に理解するため、様々な考察をこころみている。本書とあわせてご一読いただきたい【注】。

引き続き、法律家として朝鮮学校の権利獲得に力を尽くすことで、弁護団の一員としての責任を果たしていきたい。朝鮮学校を除外した公権力こそを、審判の舞台に引きずりださなければならない。

【注】【朝鮮学校「高校無償化」裁判・東京 資料集】販売サイト
https://benforum2022.base.shop/items/67879055

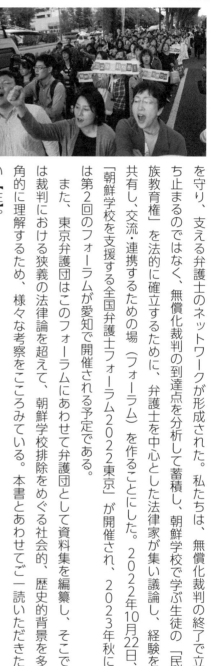

東京「高校無償化」裁判原告座談会

出席者：
・梁昌樹《リャンチャンス》：1995年千葉県生まれ。現在、千葉朝鮮初中級学校教員。
・金陽順《キムヤンスン》：1996年東京都生まれ。現在、早稲田大学大学院博士後期課程。
・全裕誠《チョンユソン》：1996年神奈川県生まれ。現在、在日本朝鮮留学生同盟東海地方本部副委員長。
まとめ：金誠明《キムソンミョン》（編集委員）

《「高校無償化」闘争をふりかえって》というテーマで、東京の「高校無償化」裁判の原告であった東京朝鮮中高級学校の卒業生三名による座談会を行った。

裁判提起を振り返って

梁昌樹（以下、梁）　千葉朝鮮初中級学校で教員として働いている梁昌樹と申します。私が原告になったきっかけは、弁護士の方が東京朝高に来て、生徒が原告になって裁判を提起することについて説明会が開かれたことでした。説明を受けた上で原告になるかどうかを決めるということでしたが、私自身、不当な差別に反対して、勝ち取らないといけない権利だと思い、また自身がこの問題を他人事としてではなく自分の問題として風化させてはいけないという思いから、裁判の原告になることを決めました。

　振り返ると原告になって色々な経験をしたと思います。金曜行動や集会でもよく発言したり、呼ばれたりもしました。自分のなかでこの問題を風化させてはいけないという想いから、原告として、当事者としてこれまで闘ってこれたと思います。

金陽順（以下、金）　早稲田大学博士後期課程1年で国際法を専攻している金陽順と申します。私も原告になるにあたって、卒業後や就職後の影響、裁判の形について弁護士の方々が丁寧に説明してくれたことが記憶に残っています。原告になるかどうかは任意で、匿名ということだったので、生徒同士で話し合いが多かったわけではなかったのですが、何気ない日常会話のなかで「原告どうする？」といったやりとりもありました。今考えると、そうした会話自体がとても非日常的で、普通の学校ではありえないことだったなと思います。私自身、自分たちが闘うことで少しでも民族教育を守れるならばと思い、原告として名乗り出ました。

　私は大学で法を専攻しているのですが、私の人生を変えるきっかけになったのも「高校無償化」闘争だったと思います。裁判の過程で法律の知識がないことへの無力さを感じたのと同時に、法を武器にして闘えるということがすごいなと思い、法を武器にする道に進みました。

全裕誠（以下、全）日本の大学・専門学校に通う在日朝鮮人学生の団体である留学同で専従職員をやっている全裕誠と申します。私は裁判が起きるまで、自分自身、どこか「朝鮮人だから不利益を受けてもしょうがない」って考えてしまっていたところがあったと少しずつ気づくようになりました。最初は迷いましたが、いまここで自分が原告になって闘わないと、これからもこうした差別について向き合うことがなくなってしまうんじゃないかと思い、原告になることを決めました。当時、私は栃木から学校に通っていたので、裁判に勝てたら親の負担が少しは減るんじゃないかという思いもありましたね。

「高校無償化」闘争の経験

梁　「高校無償化」裁判に対するネット上での差別的なコメントや反応を見ても、私たちは単純に裁判を闘っているというだけでなく、日本社会の差別の根源自体と闘っているんだということを感じました。在日朝鮮人に対する差別、弾圧というのはかつてもありましたが、「高校無償化」排除の時期からそれが特に民族教育にフォーカスされるようになったと思います。高校無償化、千葉の学校への補助金打ち切り、幼保無償化、朝大生への緊急給付金などの問題もそうですが。自分が育ってきた学校、環境に対する明確な差別で本当に許せないと思います。

金　こうした差別は突発的に起きたことではなく、植民地過去清算ができていないことによる一貫した差別の歴史があると思います。ただ排除は、法を操る形でより巧妙になってきているとは思います。裁判で「不当な支配」論が出てくるなかで同胞のなかでも、祖国との関係をどうするのか、歴史の教育をどうするのかといった内部の分裂を生む効果もあったのかなと。ただ排除するだけでなく、同胞のなかでの分断を生じさせたと思っています。

私は最高裁まで私達の訴えが認められず、司法の独立って本当にあるのかなと疑問を覚えました。ただ、私たちは法だけをもって権利を勝ち取ることはできないし、これまでも裁判だけで権利を勝ち取ってきたわけではないので、裁判闘争を機により一層、大衆運動を発展させていく必要があると感じます。

梁　そうですね。私は、法廷闘争についてはあちらの土俵で闘ってあげてるんだという感覚がありました。裁判所に棄却されたから運動が負けているということではなく、むしろ法廷闘争をきっかけに社会が感化され、支援の輪も広がっていったのかなと。裁判をきっかけに、高校無償化の問題だけでなく補助金の問題とか、日本の市民の方々との連帯も深まったり、広い意味で社会運動の高揚、機運があったと思います。私自身は裁判に負けたから絶望したという感覚はなくて、むしろ一層闘って、いまの在日朝鮮人を取り巻く日本の現状と向き合わないといけないなという感覚がありました。

全　いま振り返って、この闘いで問われていたのは、朝鮮学校が共和国や総連を支持して何がいけないんだということだったと思います。そうしたことをどういう風に私たちが呼びかけていくかが大切なのかなと。周囲の人たちに対して、在日朝鮮人が日本社会でどういう立ち位置にあるか、無償化問題の何が不当なのか、なぜ朝鮮学校があるのかといったことを、おざなりにして目を背けてしまうと世論としては大きな声になっていかないと思います。

現場に出て、色々な人に呼びかけていく実践が重要ではないでしょうか。果たして自分自身がどれだけそうしたことをできてこれたのかという自戒の念を込めて。

これから何をなすべきか

金　私は大きな問題でいえば、平壌宣言が発表されて20年が経つなかで、共和国と日本の関係をよりよくする活動も民族教育を守る闘いに直結するのではないかと思います。高校無償化法施行規則で対象校がイ、ロ、ハに分けられて、ハに該当するとされたと思うんですけど、そもそも本国認定校のイでいいんじゃないかと。規定ハ削除による排除は当然是正されないといけないにしても、共和国が認定している民族教育機関として、高校無償化排除や個別認定資格の問題も是正され、ウリハッキョの権利が認められていかなければならないと思います。

　また足元からの問題として大切だと思うのは、地域に密着したウリハッキョを作ることが大切だと思います。無償化裁判は国家を相手に訴訟を起こしたものですけど、たとえば補助金を給付する、学生の通学路の標識を設置するといったことは地方自治体が主導することです。地域の人たちと交流を深めて、朝鮮学校について知ってもらって理解を深めることが大切で、地域に根付いた、理解と協力を得られるウリハッキョを作っていくことが重要だと思います。

梁　私はこれからの運動で「経験」と「実践」が大切だと思います。実践があるから、感情があるからこそ闘いの原動力になります。ただ知識があるだけじゃなくて、知識を蓄えていく過程でよりリアルにとらえていくことです。たとえばウリハッキョがバザーをやっていることや生徒の親が一生懸命、活動していることとかも、民族教育に対する補助金、公的補助がないこととか、一つひとつの生活のなかからリンクさせて、認識することが大切で、当たり前のことと思ってはいけないと感じます。日本の人々が支援してくれることに対しても、なぜこうしたことが起こってるのかを振り返る必要があるのではないでしょうか。

全　現状では、社会は思っている以上に日本の報道や政権の影響を色濃く受けていると思います。そうしたなかで、在日朝鮮人運動の発展という意味でも闘争を続けていくんだという意識が大切ではないでしょうか。高校無償化裁判だけじゃなく、幼保無償化をはじめとする様々な差別に立ち上がれるかどうか。裁判は上告が棄却されてしまいましたが、敗訴をマイナスに捉えるのではなく、次の実践に繋げていくことが重要だと思います。裁判官とのやりとりをみてても、なぜ朝鮮学校があって、総連があって、運動や民族教育があるってことを日本社会がわかっていないのが深刻なことです。最後まで信じて、草の根の活動を続けて、社会を変えることが運動の勝利につながっていくんじゃないかなと。

おわりに

梁　教員をやってると、このウリハッキョをみんなで守ってるんだということを感じます。様々な想い、支援、連帯のなかでウリハッキョがあります。ウリハッキョは民族的な尊厳を守る場所です。民族のなかで自分の人生を切り拓いていいし、自分の民族性を誇りに思えるような人生を送れたほうが絶対幸せだと思うんですね。だからこそ、そうしたウリハッキョを守るために、何ができるのかを一人ひとりが最大限考えていかなきゃいけないと思います。

金　自分が何者であるかっていうのを気づかせてくれるのがウリハッキョです。自分が何者であるかということは生き方を考える上で大切なことだと思います。よく朝鮮語を習えるから大切だという話もありますが、語学だけなら独学でも学べます。ウリハッキョで学ぶことによって朝鮮人であることについて生きづらさを感じることなく、朝鮮人として生きることに誇りを感じられることがウリハッキョの大切なところだと思います。裁判が終わったからといって民族教育がなくなるわけではないので、いま自分たちが受けている様々な差別と闘って一つひとつ勝ち取っていきたいです。そうした闘いに自分の専攻知識をもって貢献できたらと思います。

全　民族教育が存在し続けることはこの社会の教育の自由にも繋がってくる問題ではないでしょうか。民族教育弾圧に対して、学校を残すための活動、努力のなかで残ってるのが今のウリハッキョです。裁判の結果をみても、日本社会での様々な報道や雰囲気をみても暗くなりがちなことが多いと思うんですね。でも、そのなかで出会った朝鮮学校を守ろうとする人たちの姿や、裁判闘争を通じて考えることのできた自分の考えとか、得るものはとても多かったです。もっとこれから活動を共にする人たちが増えていったり、運動がどんどん次のステップに発展していくといったように、プラスにとらえて考えていきたいです。しんどいこともたくさんあると思いますが、絶対にウリハッキョをなくしたくないと思います。

（2022年10月9日）

朝鮮人として生きることが闘いでなくなる日を

金淑子《キムスッチャ》（一粒出版）

金日宇、白頭山天池で

金日宇《キムイルウ》が逝って3年が経った。原稿の依頼を受けて、時が止まった金日宇の作業部屋に入り、彼が出した数多くの本を眺める。

金日宇は朝鮮大学校卒業後、朝鮮新報社で記者をしながら主に朝鮮の南北統一を目指す活動をしてきた。89年に平壌を訪れた韓国の全国大学生協議会代表や非転向長期囚の本、82年に南北赤十字会談の北側代表団記者としてソウルを訪れたときの記念品もある。そんな彼が晩年、在日朝鮮人の自叙伝や東京大空襲の被害などを取材執筆しながら、朝鮮学校の記録をライフワークとしたのは、そこが在日朝鮮人の出発点であり、拠り所だからだ。二人で出していた隔月誌『朝鮮学校のある風景』（1〜56号）は、彼のすべての活動の結晶なのだろう。

金日宇が、「4・24教育闘争」で犠牲になった金太一少年と朴柱範先生が祀られた青山霊園「無名戦士の墓」前で「あの日を称え心に刻むマダン」を最初に催したのは２０１３年4月24日、「闘争」から65年目のことだった。「4・24教育闘争」は、植民地下で息絶えそうになっていた「朝鮮人の尊厳」を再生させようと、在日朝鮮人がこぞって学校建設に奮闘していた矢先、日本の文部省がこれを閉鎖すると再び弾圧したことが発端だった。延べ１００万３０００人が参加し、３０７６人が検挙されて２０７人が起訴され、5人に重労働15年、2人に同12年が言い渡された。

「マダン」開催の二カ月前、下村博文文科相は、朝鮮高級学校だけを無償化の対象から外すことを明らかにした。これを不当だとして朝鮮学校卒業生を原告とする裁判闘争が各地で繰り広げられたが、結果は全敗だった。日本の権力が朝鮮人を抑圧し、朝鮮人の血を引く多くの者が自分の中の「朝鮮」を塗りつぶす屈辱の日々は１００年以上経った今も続き、朝鮮人がそれに抗議して闘う構造は変わらない。

「あの日を称え　心に刻むマダン」集合写真（2018年）

２０１９年８月27日、東京朝鮮高級学校生徒の訴えに対する最高裁判所の敗訴の決定を伝えると、病床の金日宇は絞り出すような声で「チクショウ」と言った。あの時の日宇に「時代は変わったよ」と言える日は来るのだろうか？　朝鮮人として生きることが、闘いではなく、夢と希望につながる日はどうすれば訪れるのだろうか？

【編集委員会から注記】無償化連絡会の仲間であった金日宇さんは、２０１９年10月、69歳で亡くなられました。記者としての経験や、その独自の視角や取り組みから、多くのことを教えていただきました。この本の出版にあたり、編集委員会から、パートナーの金淑子さんに寄稿をお願いしました。

第3章　新たな線引きに抗して

1　自治体による補助金停止問題

●「高校無償化」問題から補助金問題へ

２０１０年3月に成立した「高校無償化」法と民主党政権の国会答弁がそのまま実践されれば、「高校無償化」が朝鮮学校に適用されることは明らかであった。石原慎太郎東京都知事（当時。以下同じ）や橋下徹大阪府知事といった一部の自治体首長はこれに激しく反発し、それまで何ら問題なく支給されてきた朝鮮学校への補助金を停止し始めた。都道府県では、東京都と埼玉県は２０１０年度から停止、大阪府は２０１０年度分を大きく減額し、２０１１年度から停止。宮城県は、東日本大震災の被害を受けた仙台の朝鮮学校への補助金を２０１１年度から停止。千葉県も２０１１年度から停止した。さらに補助金停止は広島県、新潟県、山口県、神奈川県と広がっていった（資料編１７８ページを参照）。

補助金停止の過程では、補助金支給の条件という形で、教育内容への露骨な介入が行われることもあった（拉致事件を教えろ、政治指導者の肖像画を外せ、といった要求）。これは、私立学校、そして民族学校には特に保障されるべき教育の自由への侵害である。また、朝鮮学校と在日本朝鮮人総聯合会（総連）との関係が問題視されることがあったが、両者の関係は、差別のなかで自分たちの学校を守ってきたという歴史的背景があって形成されてきたものであり、不自然・不健全なものとは言えない。何より、補助金停止という措置は、子どもの学ぶ権利を全く無視したものである。

●3・29通知

2016年2月、自由民主党から政府に対して、「北朝鮮による弾道ミサイル発射に対する緊急党声明」が提出され、「朝鮮学校へ補助金を支出している地方公共団体に対し〔中略〕全面停止を強く指導・助言すること」を提言した。そして3月29日に文科省は、「朝鮮学校に係る補助金交付に関する留意点について」と題する通知を、朝鮮学校が所在する28都道府県に出した。同通知は、都道府県から各区市町村にも周知されている。その内容は、「北朝鮮と密接な関係を有する団体である朝鮮総聯が〔中略〕教育内容、人事及び財政に影響を及ぼしている」と指摘し、「朝鮮学校にかかる補助金の公益性、教育進行上の効果等に関する十分な御検討」や「補助金の趣旨・目的に沿った適正かつ透明性のある執行の確保」等を要請するものだった。

馳浩文科相は、3月29日の記者会見において、「朝鮮学校に補助金を出す権限は自治体側にありますので、私としては留意点を申し上げただけであって、減額しろとか、なくしてしまえとか、そういうことを言うものではありません」と説明している。通知にも、「朝鮮学校に通う子供に与える影響にも十分に配慮しつつ」の一文が入っている。しかし、この通知が出された2016年度以降、神奈川（2014、2015年度は減額して支給したが再び停止）、茨城、栃木、和歌山、群馬の各県が補助金を停止している。なお、日本弁護士連合会は、「朝鮮学校に対する補助金停止に反対する会長声明」（2016年7月29日付）を発表し、子どもたちの学習権への侵害を懸念し、通知の撤回を求めている。

●東京都の補助金問題

「高校無償化」からの朝鮮学校排除に反対する連絡会とメンバーが重なる「朝鮮学校への公的助成を求める連絡会・東京」では、補助金支給を求めて東京都や都議会に働きかけを続けてきた。以下、東京都の動きを中心に述べたい。東京都には10校の朝鮮学校があり、幼稚園、初級、中級、高級あわせて約1300人の子どもが通っている（2021年度現在）。区市が保護者に対する補助金を支給する一方で、東京都は1995年から「私立外国人学校運営費補助金」制度を設けている。「私立外国人学校の教育条件の維持向上」と子どもたちが修学する上での「経済的負担の軽減」を図ることを目的として、都内の「外国人学校」に補助金を支給している。幼稚園児から高校生まで1人あたり年額約1万5000円が学校に支給される。朝鮮学校も、制度創設時から2009年度までの15年間、何の問題もなく補助金の支給を受けてきた。しかし、2010年9月7日に石原都知事が拉致被害者家族会等の要請を受けて朝鮮学校への補助金の見直しを表明し、12月8日の都議会において「朝鮮学校への補助金は、都議会の要望を受けてかつて創設された経験がありまして、まず、議会の方でしっかり議論していただきたい」と述べた。しかし、都議会での議論を待つことなく、東京都は2010年度の朝鮮学校への補助金を停止し、現在に至っている。確認しておくが、朝鮮学校が補助金の支給要綱や法令に違反したから停止されたわけではない。

●都議会での民族差別発言と「朝鮮学校調査報告書」

2011年12月8日、都議会において野田かずさ都議が「北朝鮮に毅然とした態度を示すためにも、補助金支給を凍結している現状から一歩踏み込んで、次年度予算から補助金そのものを削除、廃止を決断すべき」と質問した。これに対する石原都知事の答弁は、朝鮮学校を「反日的」であると決めつけ、拉致問題の解決のために「それ（北朝鮮）に属する民族、しかもそれが日本に住んでいる人たちに、やはり強い意思表示をして、あらゆる手段を行使して北朝鮮に圧力を」かけるべきというものだった。

国家と民族を同一視し、民族全体に対して圧迫を加える必要があり、特に在日朝鮮人を標的にしなければならないと公言したわけである。

そしてこの後、東京都による朝鮮学校の調査が行われ、2013年11月1日付で「朝鮮学校調査報告書」が公表された。補助金停止という処分が先で、調査が後というのは順序が逆であり、不当な措置である。

群馬朝鮮初中級学校の授業風景（2016年「無償化」連絡会の学校見学時）

それでも朝鮮学校側は調査に誠実に対応したが、「徹底的に、執拗に、長期間、アトランダムに、たくさんの人間をはりつけてやる」（石原都知事記者会見）とされた調査の結果は、結論ありきの悪意に満ちたものとなった。この調査報告書は朝鮮学校の教育内容を問題視しているが、教育内容は補助金支給の要件ではない。また、総連との関係をあげつらっているが、同じ補助金を受けている東京韓国学校が在日本大韓民国民団と深い関係を持っているように、外国人学校が民族団体や在外国民団体と関係があることは不自然なことではない。韓国学校はOKで朝鮮学校はダメというのは「法の下の平等」の原則に反しており、特定の国家への敵視政策を日本で暮らす子どもにまで及ぼしていることになる。なお、報告書で「不適正な財産の管理・運用」と指摘された点については、すでに東京朝鮮学園が誠実に対応している。

「朝鮮学校調査報告書」は現在も東京都のウェブサイトに掲載されており、ヘイトスピーチなどの朝鮮学校差別を正当化する「根拠」

として用いられるなど、差別と憎悪を助長する役割を果たしている。

●子どもの人権を第一に考えた解決を

そもそも、朝鮮学校への公費補助が極めて少ない状態にあることが問題である。なお、朝鮮学校の保護者が他の住民と全く同じ納税の義務を果たしていることは言うまでもない。日本は、国際人権条約に基づく各委員会からたびたび勧告を受けている。子どもの権利委員会からは「中華学校、韓国・朝鮮人学校及びその他の出身の児童のための学校が不十分な補助金しか受けていないことを懸念する」との勧告が2010年6月に出されており、補助金停止どころか充実が求められていた。2014年9月の人種差別撤廃委員会の総括所見では、「朝鮮学校に対し地方自治体によって割り当てられた補助金の停止あるいは継続的な縮小を含む、在日朝鮮人の子供の教育を受ける権利を妨げる法規定及び政府の行動について懸念する」とされている。国内でも、上記の日弁連会長声明だけでなく、多くの県弁護士会が補助金停止を批判している。

かつて、朝鮮学校を各種学校としても認可すべきでないという国の方針に反して、都道府県は朝鮮学校を認可した。自治体は住民に近いところにある存在として、人権を第一に考え、朝鮮学校の保護者や子どもに寄り添うべきではないか。おりしも、「東京都こども基本条例」が2021年4月1日に施行された。子どもの権利条約の精神にのっとった政策の推進がうたわれた条例であり、補助金停止との矛盾は明らかである。筋違いの朝鮮学校差別を一刻も早く改め、子ども1人につき年額1万5000円という低水準の補助金を増額することこそ、東京都がとるべき施策である。

（千《ち》地《じ》健《けん》太《た》／編集委員）

スポーツ・文化活動における差別と朝鮮学校

金誠明《キムソンミョン》（編集委員）

「スポーツと政治は別」といった言葉を私たちはしばしば耳にします。しかしそうした言葉とは裏腹に、居住する国や地域、経済条件、民族をめぐって、実際には様々な政治や差別意識がスポーツに色濃く反映されます。

朝鮮学校もこれまでスポーツの公式戦から排除され続けてきた歴史があります。１９９０年には大阪朝高バレーボール部が、大阪高等学校体育連盟主催の春季大会の一次予選を勝ち抜いたにもかかわらず、朝鮮学校が各種学校であるため出場は「事務的な失敗」だったとして、突如出場が拒否されるという事件がおきました。これを機に、公式戦出場、差別の是正を求める運動は広がっていき、各地の朝鮮学校は各高体連に対し、加盟申請を行いました。朝高生らの署名活動に日本学校の生徒も加わり、日教組は独自に20万人署名運動を展開するなど、この運動は大きく広がっていきました。１９９２年には日弁連はこの問題について、人権侵害だとして是正を勧告するに至りました。

このように朝鮮学校のスポーツ公式戦の出場を求める声があがるなか、１９９１年に日本高等学校野球連盟は、朝鮮学校の大会出場を認め、１９９２年には加盟申請を受理しました。また１９９３年に全国高体連は、各種学校にも同連盟主催の大会参加を認め、翌年１９９４年に朝鮮学校生徒は初めてインターハイに出場することになりました。日本サッカー協会も１９９６年度より全国高校サッカー大会への朝鮮学校の参加を認め、日本中学校体育連盟主催の大会にも１９９７年度から参加が可能になりました。

一方、文化の分野でも、コンクール等への朝鮮学校生徒の参加を排除するという問題がありましたが、１９８９年には日本放送協会主催のＮＨＫ合唱コンクールへの朝鮮学校の正式参加が認められるようになりました。

しかし、公式大会・コンクール等への出場が認められた後も、スポーツ・文化活動の分野において実質的な差別が解消されたわけではありません。日本政府、地方自治体による差別的な施策によって公的な助成金が十分になく、部活動をする生徒、指導する教職員の設備や環境が全て保障されているとは言い難い状況にあります。スポーツ・文化の分野における朝鮮学校生徒たちの頑張りや活躍はもちろんめざましいものです。しかし、私たちはそれをただ美談にするのではなく、社会的な差別を受けながら部活動をせざるを得ない朝鮮学校の状況としっかり向き合っていく必要があると思います。

本田圭佑選手の朝鮮学校サプライズ訪問

金誠明《キムソンミョン》（編集委員）

２０１８年７月19日、サッカー日本代表の本田圭佑選手が横浜朝鮮初級学校と神奈川朝鮮中高級学校をサプライズ訪問しました。同年４月に板門店で行われた南北首脳会談をきっかけに、朝鮮学校を卒業した元Ｊリーガーの安英学《アンヨンハ》さんが声をかけて実現したのが今回のサプライズ訪問でした。このサプライズ訪問に、神奈川の朝鮮学校生徒たちはとても驚き、感激しました。

――当時を振り返って（安英学）

本田選手とは名古屋グランパス時代のチームメイトで、当時、一緒に在日同胞が経営する飲食店に行ったり、金剛山歌劇団の公演を観に行ったりもしました。南北首脳会談の後に本田選手が私に連絡をくれたのですが、そうした在日同胞との繋がりもあり、私の方からもしよかったら朝鮮学校に来て、子どもたちに夢を与えてくれないかと話をしました。彼は二つ返事で、「もちろんです！」と言ってくれたので、学校訪問が実現することになりました。本当にありがたかったです。

その時期は、本田選手は日本代表としてワールドカップに出場した直後で、非常に忙しかったにもかかわらず、学校に来て、講演をしてくれました。また全校児童・生徒、全サッカー部員と写真まで撮ってくれました。予定していた時間を大幅に超えてしまったのですが、それでも最後までとても真摯に対応してくれました。サッカー日本代表が朝鮮学校に行くというのがネガティブにも捉えられかねない状況でしたが、こうした繋がりのなかで来てくれて感謝しています。

この学校訪問もそうですが、私は、サッカーを通じて色々な人たちと出会って、様々な場所に行って、多くの経験ができました。私自身、これから在日同胞の後輩たちに、スポーツを通じて様々な繋がりや経験ができるよう、全力でサポートしていきたいと思います。

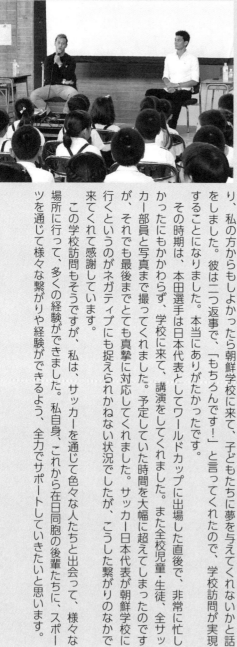

2 「幼保無償化」の実施を巡って

●理不尽に次ぐ理不尽

「高校無償化」制度に続いて、「幼保無償化」制度からも除外?

誰が責められるだろうか。すべての子どもたちに「幼児教育・保育の無償化」を実施するという政府の方針を耳にし、期待感よりも危機感を抱いてしまった朝鮮学校の保護者たちを。「差別慣れ」しているからでも、「学ぶ権利の保障を諦めている」からでもない。実際に、朝鮮学校に通う子どもたちは理不尽に次ぐ理不尽にさらされてきたし、その分流した涙、傷つけられた痛みがあるからだ。

2019年10月の消費税増税と同時に全面実施された「幼保無償化」制度は、方針発表当初、幼稚園、保育所、認定こども園などの「認可施設」に通う3歳~5歳までのすべての子どもの施設利用料を無償化し、0歳~2歳までの子どもについては住民税非課税世帯に限り無償化するとされていた。しかし、「幼保無償化」の財源はすべての人が負担する消費税増税分から充当され、また、認可施設入所選考落選により認可外施設に入れる以外選択肢がなかったのに不公平であるといった声が続出したことを受け、日本政府は認可外保育施設、幼稚園類似施設関係者など、官民問わず幅広い層へのヒアリングを行い、認可外保育施設も「幼保無償化」制度の適用対象に含めるとした。ところが各種学校の認可を受けた朝鮮幼稚園などの外国人学校の幼稚部に対してはヒアリングや実態調査などを一切行わないまま、2018年12月28日の関係閣僚会合で出された「幼児教育・高等教育無償化の制度の具体化に向けた方針」において、わざわざ「各種学校は」とし、①学校教育法1条の学校とは異なり、個別の教育に関する基準はなく多種多様な教育を行っているため、②児童福祉法上、「認可外」にも該当しないため、「無償化の対象とはならない」と除外したのだった。

残念ながら危惧した通り、民族教育の「入口」である朝鮮幼稚園は「幼保無償化」制度の対象から外されてしまった。「高校無償化」からの排除、自治体による朝鮮学校への補助金支給停止や削減に続いて、またあらたな差別が朝鮮学校の子どもたちの尊厳を傷つけたのだった。

●幼保無償化からの朝鮮幼稚園除外は、学ぶ権利の否定であり、朝鮮学校つぶし

「経済的状況に関わりなく、学ぶ意思のあるすべての子どもたちを支援する」としながら、子どもたちとは全く関係のない政治的・外交的問題を持ち出して朝鮮高校生たちを理不尽に支援の枠外に放り出したのが「高校無償化」除外問題であったが、政府は「幼保無償化」の措置法である「子ども子育て支援法」においても基本理念のひとつとして「すべての子どもたちの健やかな成長を支援する」ことを掲げていながら、外国人学校幼稚園を「幼保無償化」制度から仲間外れにしたのだった。

いうまでもなく幼少期はアイデンティティを確立していく重要な時期であり、外国人学校幼稚園は、多種多様なバックグラウンドをもつマイノリティの子どもたちにとって、自己のルーツにつながる言葉や文化に接しながら肯定的にアイデンティティをはぐくむことのできる、まさに子どもたちが「健やかに成長する」ためのかけがえのない幼児教育施設である。それなのになぜ、仲間外れにされなければならないのか。たしかに各種学校というカテゴリーには、日本の「1条校」と同等のレベルで教育を行う施設もあれば、自動車学校や料理教室などの施設もあり「多種多様」といえるが、幼保無償化適用対象となった認可外保育施設も、スポーツや英語教育に特化した幼児教育を行っていたり、夜間ベビーホテ

ルがあったり、それこそ多種多様な形態がある。多種多様な認可外施設を「幼保無償化」の対象に含めながら、認可施設である各種学校の外国人学校幼児教育施設は「多種多様」だから適用対象外とするのは矛盾に満ちている。

さらに、「幼保無償化」制度の関連府省の担当者らが、外国人学校幼稚園が各種学校の認可を取り下げて認可外保育施設として届け出れば「幼保無償化」の対象施設となるので差別でも排除でもないと述べたことにも留意したい。各種学校という地位は、朝鮮学校のカリキュラムや卒業生たちが日本社会や国際社会の様々な分野で大きな役割を果たしている実態に即して考えたとき不十分なものである。しかし、在日一世、二世たちがたび重なる政府の弾圧にも屈せず、「各種学校としても認可するべきではない」とする文部事務次官通達を跳ねのけ、心ある日本の皆さんとともに獲得した権利でもある。その既得権を返上し、今ある朝鮮幼稚園の形を崩すよう誘うかのような甘言につられてしまったら、次は何を奪われ、どんな理不尽な仕打ちを受けることか。「幼保無償化」からの朝鮮幼稚園除外問題は、マイノリティの子どもたちの学ぶ権利の否定であると同時に、「高校無償化」除外から続く朝鮮学校つぶしの一環であるということをしっかりと認識しなければならないだろう。

●諦めない闘いが手繰り寄せた希望

悪い予感が的中し朝鮮幼稚園が除外されても、くじけることを知らない朝鮮幼稚園の当事者たちは、高校無償化除外反対を訴え闘い続ける朝鮮高校生や卒業生たちとともに、朝鮮幼稚園の幼保無償化適用を求める署名運動を展開、コロナ禍のなか日本の国内外から100万を超える賛同署名を集めた。こうした運動とともに、「幼保無償化」措置法を改正させ幼保無償化適用を実現させるまでの間、政府が検討

する幼保無償化対象外施設に対する「支援策」を外国人学校幼稚園にも講じるよう、関連府省や国会議員などへ要請に要請を重ねた。

粘り強い活動がついに差別の分厚い壁に風穴をあけた。日本政府が21年度よりスタートさせた幼保無償化制度を含む子ども子育て新制度のひとつである「地域における小学校就学前の子どもを対象とした多様な集団活動事業の利用支援」（「支援事業」）が、有資格者数などの一定の要件さえ満たしていれば各種学校の外国人学校幼稚園にも適用されることとなったのだ。

「支援事業」は国の制度でありながら自治体委託型の事業のため、朝鮮幼稚園児が居住する自治体ごとに事業を受諾させなければ同じ朝鮮幼稚園に通いながらも支援を受けられる子と受けられない子が生じるなどの問題点があるのも確かだ。しかし注目したいのは、「支援事業」による保護者への支援金を、国・都道府県・市区町村がそれぞれ1／3ずつ負担するという点である。すなわち、「支援事業」の対象となった幼児教育施設に子を通わせる保護者への支援金は、国庫からも捻出されるということだ。

朝鮮学校に通う子どもたちに対するはじめての国庫補助になるはずだったのが、高校無償化制度であった。しかし各種学校の外国人学校のなかで朝鮮学校だけが排除され、国庫補助の実現は幻と化してしまった。立ちはだかる理不尽を前に、朝高生や卒業生などの当事者が中心となり、裁判闘争や金曜行動を含む様々な方法で差別是正を求め続けてきた。その最中起こった幼保無償化からの除外に、差別反対の声を一段と高めて運動を継続してきた当事者たちの決してあきらめない姿勢、真摯な訴えが日本の国内外に響いたからこそ、朝鮮幼稚園の保護者に対する国庫補助実現という希望の光を手繰り寄せることができたと強く思う。

勢いそのまま、朝鮮幼稚園児が居住する自治体の実情に合わせて、地域の日本の友人の皆さんとともに「支援事業」受諾要請を重ねた結果、朝鮮幼稚園の所在する16の都府県のうち、10の都府県下の市区町村で21年度より「支援事業」の実施が実現し、22年度中にさらに4つの県下で実施される見通しとなった(22年12月現在)。「高校無償化」除外をうけて真っ先に自治体独自の補助金を停止したあの大阪市も「支援事業」を受諾、大阪市内の朝鮮幼稚園に子どもを通わせる保護者に支援金が支給されている。そのなかには「高校無償化」から除外された朝鮮高校卒業生もおり、「自分は除外されてしまったが、子どもへの国庫補助が実現されて嬉しい、諦めずに闘ってよかった」という喜びの声も聞かれた。

このように、諦めを知らない闘いによって、朝鮮幼稚園の保護者への国庫補助を実現させるというところまで巻き返せたが、ここで気を緩めてはならない。日本政府が徹底的に民族教育を否定し、朝鮮学校に対する弾圧を繰り返すなかで醸成されてきた差別の厚い壁に針穴を通したにすぎず、実現した国庫補助は限定的であり、自治体の判断によって未だ支援を受けていない朝鮮幼稚園の園児もいるからだ。

民族教育の制度的保障、そして朝鮮学校の子どもたちの真の学びの権利の保障を実現させるまで、決して諦めることなく、力を尽くしていきたい。

(宋恵淑《ソンヘスク》/在日本朝鮮人人権協会/幼保無償化の実現をもとめる朝鮮幼稚園保護者連絡会)

朝鮮学校生徒のお土産没収問題

金誠明《キムソンミョン》（編集委員）

日本政府は2004年の外為法の改定、特定船舶入港禁止法の制定に基づいて2006年7月以降、朝鮮民主主義人民共和国に対する独自制裁を繰り返し実施してきました。日本政府は2006年10月14日から、共和国からの人道目的等を除く全ての品目の輸入を禁止するという措置をとります。これによって、在日朝鮮人の祖国との人的・物的な行き来が制限され、さらには祖国からのお土産を没収されるという人権侵害が繰り返されることになります。

こうしたなか2018年6月28日、関西空港税関支署が、朝鮮民主主義人民共和国を訪問した神戸朝鮮高級学校の生徒らが持ち帰ったお土産品のほとんどを没収するという事件が起きました。南北首脳会談、朝米首脳会談が実現し、朝鮮半島で和解と平和に向けた気運が高まるなかで起きたこの事件は、ショッキングなニュースとして学校教員によるSNS投稿や報道を通じて大きく広がりました。

議員会館における要請行動

この問題に対し、無償化連絡会は緊急で署名運動を開始し、7564の団体・個人から署名を集め、同年7月19日には参議院議員会館にて経済産業省、財務省、内閣官房の担当者らと面談し、抗議と要請を行いました。

無償化連絡会は要請文にて、「日本の朝鮮植民地支配によって生み出された在日朝鮮人が祖国との関係をもつことを遮断し『違法』化する対朝鮮独自制裁措置は、過去を清算し、その権利を保障すべき立場にある日本政府がとるべき姿勢とはおよそ真逆のものであり、到底許されるものではない」と抗議しました。抗議や報道による世論の高まりを受け、税関当局は同年9月11日にはほぼ全ての没収物を返還することになりました。

朝鮮学校の生徒たちに対するこうした人権侵害が許されないことは言うまでもありません。そして何より、こうした朝鮮民族に対する権利侵害、敵対行為は歴史的に繰り返されてきたものであり、撤回されなければいけないことです。この事件が問いかけることは、支配や差別の歴史の清算、朝鮮民族の自主権、生存権、発展権の問題をどう考えるかということではないでしょうか。

3　コロナ禍の中で

●学校へのコロナ対策補助

ｃｏｖｉｄ-19による社会の混乱は日本では2020年2月27日の安倍晋三首相の突然の全国一斉休校要請で始まった。休校は3月2日から5月末まで続き、6月からは約1カ月の分散登校期間となった。

文科省は5月27日、第2次補正予算に「学校の段階的再開に伴う児童生徒等の学びの保障」の名目で、「人的体制の強化」として教員等の加配、「物的体制の整備」として消毒液や非接触型体温計などの購入費等として小中学校では1校100万円から200万円、高校・特別支援学校には300万円を支援する等の1617億円を計上した。学校の休業によって休まざるを得ない保護者を支援するために厚労省が行なった「小学校休業等対応助成金」「小学校休業等対応支援金」においては、明確に各種学校の保護者も対象となっていた。しかし、休校要請は朝鮮学校にも及んだにもかかわらず、文科省の学校支援の対象からは各種学校が排除された。

●学生支援緊急給付金

一方、大学生に対しては困窮する学生を対象として、2020年5月19日、国が最大20万円を支給する『学びの継続』のための学生支援緊急給付金」が創設された。支給の対象には各種学校ですらない日本語教育機関、外国大学日本校も含めながら、朝鮮大学校は排除された。「無償化」連絡会では、7月17日、「『学生支援緊急給付金』からの朝鮮大学校排除をはじめとする新型コロナウイルス関連支援策における朝鮮学校排除の撤回を求める要請文」を萩生田光一文科大臣、加藤勝信厚労大臣、衛藤晟一内閣府特命担当大臣に提出すると共に、「コロナ対策で差別するな！拡大金曜行動」を展開した。9月7日には、学生支援緊急給付金をめぐって平和フォーラムによる院内集会が開催されている。

学生支援緊急給付金について、国連で人種差別、外国人排斥、教育を受ける権利、移民の人権、マイノリティ問題などを担当する4人の特別報告者が、2021年2月19日、日本政府に対して「制度から朝鮮大学校生を排除したことは『差別』であり、是正を強く求める」とした共同声明を送っていたことが、6月22日になって判明した。書簡には「このプログラム（制度）が、1条校以外の学校に通う（各種学校などの）学生、特に朝鮮大学校のマイノリティの学生を差別していることを懸念している。このような排除は学校の制度的自立性を損なう恐れがある」と明記されている。日本政府はこの共同声明に対して①朝鮮大学校は、大学校であって大学ではない、共同声明で使っている「university」にはあたらず、「各種学校」として登録されている、②制度上、日本人・外国人問わず「各種学校」の生徒は対象外であり、人種・民族・出身国を理由とする差別は含まれないと回答した。朝鮮大学校の学生たちはこの問題の不当性を訴えるビデオを作成し（https://youtu.be/7j-lDavtfml、もしくは朝鮮大学校ＨＰから閲覧可能）、国連特別報告者への書簡を作成した。

●さいたま市マスク不配布

これらのコロナ禍での支援差別の先鞭をつけたのは、さいたま市だった。マスクが手に入らなくなっていた2020年3月、さいたま市は子ども関連施設への不織布マスクの配布を行なったが、埼玉朝鮮初中級学校幼稚部には行なわないとした。

市の職員は電話で、朝鮮学校が「市の監督下にない」ために「マスクがどのように使われるか分からない」と言った。園長や保護者が市役所を訪れ抗議すると、担当部長は使途を疑ったことは謝罪した。だが配布はしないという姿勢はかたくなだった。

市は朝鮮学校と同じく指導監督権限が県にある私立幼稚園を配布対象としている。市はマスクの提供先を、2019年に始まった政府による幼児教育・保育の無償化措置を受けられる施設に限定していたのである。

抗議の中で、市長は2日後に朝鮮学校幼稚園にもマスクを配布すると表明した。だが市長は、相変わらず朝鮮学校が「市が指導監督や指導監査を行う対象施設でない各種学校に分類されている」ことが当初の配布先に含めなかった理由だと主張し、マスクの備蓄状況を確認し配付可能だと判断したので朝鮮学校も配布対象に含めると説明した。幼保無償化制度にならって除外したことには触れず、方針は変えていないとして謝罪もしていない。

このさいたま市の態度には2013年、東京都町田市教育委員会が、朝鮮情勢などを理由に西東京朝鮮第二幼初級学校に防犯ブザーを配布しないとした決定と同じものを見ることができる。

町田市教委は2004年度から防犯ブザーを市立小に通う1年生には無条件で、一部の私立小と朝鮮学校には希望があった場合に配布していた。朝鮮学校は2013年2月、13年度分として防犯ブザー45個を希望したが、市教委は「朝鮮との関係が緊張している中で市民の理解が得られない」として、配布を取りやめた。4月5日、「無償化」連絡会は「朝鮮学校を支える町田市民の会」に呼びかけ、市教委に抗議文を提出した。学校は同日夕方、記者会見を開き、差別的措置の不当性を批判し、市の謝罪と撤回を強く求めた。結局は多くの抗議によって市教委は4月8日、決定を撤回し、9日、学校にブザーが送

2010年9月26日、全国集会・デモにて文科省に向かってアピール

られた。しかし市教委は、撤回の旨を学校側に電話で伝えたのみで、謝罪はしていない。

マスクも防犯ブザーも金額的にはたいしたものではない。しかし、自治体の非を認めない姿勢にさいたま市の父親の一人は「うちの子は、命の選別が行われれば引っかからない存在になっている」と語っている。まさに命の線引きなのである。

●外国人学校の保健衛生環境に係る有識者会議

このような「命の線引き」が行なわれる中、一部の外国人学校でクラスターが発生する事態が生じ、文科省は2021年5月、「外国人学校の保健衛生環境に係る有識者会議」を設置した。会議は東京インターナショナルスクール校長を含む9名の委員で構成され、21年中に8回の会議を持ち、外国人学校へのアンケート調査（使用言語は日本語、英語、ポルトガル語）、インタビューなども行なわれたが、朝鮮学校はインタビューに呼ばれず、12月付で「最終とりまとめ」が発表された。「はじめに」には、「我が国に在留する全ての子供の健康を確保するとともに、外国人との共生社会を実現し、国民の安全を守る観点から、外国人学校においても保健衛生の確保が必要である」と記されている（傍線筆者）。

それでも「外国人学校への保健衛生の支援に関する課題」として、

「支援を実施するに当たり、都道府県からの支援が得られる場合もあるが、寄附金や会費を原資として限りある会員やボランティアによって支援が成り立っている場合もあり、活動の継続性の確保に課題があるとの意見があった」

という外国人学校の経済的困難の側面が明らかとなり、「外国人学校において保健衛生環境対策を講じる際に生じる課題」として、

「外国人学校は、授業料や民間企業及び市民等からの寄附に頼っているため、財政面での限界があり、保健室の設置や保健衛生の専門職の配置等を義務付けることは、負担が大きいことに留意する必要がある」

「外国人学校において、各種学校認可による税制優遇措置が十分に活用され、また企業等からの寄附が得られやすくなるよう、その制度の内容や手続について、より周知するとともに、外国人学校の状況も踏まえつつ、対象となる学校の拡大等も含め、更に活用できるよう検討を進める必要がある」

と記された。

ここには、これまで同じ各種学校の認可を受けている外国人学校の中でもインターナショナルスクールに対してのみ一般の学校（学校教育法上の1条校）と同様に特定公益増進法人として認め、指定寄付金制度も適用するという税制優遇をしてきたことの是正までもが促されているのだ。「無償化」連絡会では、「とりまとめ」発表後、数次にわたる文科省交渉を継続している。

（佐野《さの》通夫《みちお》／朝鮮学校「無償化」排除に反対する連絡会共同代表）

東京朝鮮中高級学校の沿革展示室

金誠明《キムソンミョン》（編集委員）

東京朝鮮中高級学校は、１９４６年10月5日に創立され、初の在日朝鮮人中等教育機関である東京朝鮮中学校として、教員12名、生徒３２９名で開校しました。現在は、東京都北区の十条に所在します。近年では２０２２年に人工芝の張替え、運動場の拡張、照明のＬＥＤ化、排水工事、テニスコート、助走路の改装と改修、防球ネットの設置など、大規模な拡張・改修工事が行われました。

そうした東京朝鮮中高級学校の沿革展示室が２０２１年11月21日に完成しました。これは学校創立75周年記念事業の一環として、東京中高と連合同窓会による共同企画で作られたものでした。

この沿革展示室では「歴史」、「現在」、「未来」の３つのエリアで区切られています。「歴史」エリアでは、解放直後の朝鮮学校設立直後の教科書などの資料、年表などが仔細に記されています。「現在」エリアでは、年間行事や部活動、生徒たちの学校生活の様子などが紹介されています。「未来」エリアでは、自身の夢を語る生徒たちのインタビュー映像が流れています。

東京中高ＨＰの学校紹介には、次のように書かれています。

「今日に至るまで民族自主意識と知・徳・体の素養を備え、祖国と民族、同胞社会の発展及び日本の地域社会と国際社会で活躍できる人材の育成に努めてまいりました。…民族教育、朝鮮学校の強みとは、教育本来の目的である、人が生まれながらに持っている力を引き出すことであります。その強みを充分生かし、目新しさに流されず、この社会を生き抜く力を育成することが、今我々に求められていることだと考えます」。

そうした東京中高の歴史と今の姿について、豊富な写真、年表、資料などから知ることができるとても充実した沿革展示室となっています。

第4章　それぞれの朝鮮学校物語

教員、保護者から

「高校無償化」が適用されるまで朝鮮学校は闘い続けます！

慎吉雄《シンギルン》（前東京朝鮮中高級学校校長）

東京地裁が「高校無償化」から朝鮮高校だけを排除した日本政府の民族教育差別を是認する不当判決を下したその日のことを、私は忘れることが出来ません。

２０１７年９月13日、私は学生たちを「無償化」裁判勝訴の「歴史的瞬間」に立ち会わせようと全校生を東京地裁に集めたのです。しかし裁判長は「原告の請求を棄却する」と10数秒で判決文を棒読みした後、良心がとがめたのか逃げるように法廷を退出したのです。

地裁前で「司法は死んだ！」と判決を糾弾する叫び声と学生と同胞、日本人支援者たちが落胆し悔しさに涙する姿に私は涙をこらえることが出来ませんでした。その後、最高裁までも朝鮮学校側の上告を棄却して安倍政権の民族教育差別・人権侵害に加担したのです。

日本政府は「朝鮮の言葉と文字を奪った過去」を反省するどころか、学生たちを「外交問題の人質」にして朝鮮学校だけを「高校無償化」から除外したのです。

「高校無償化」差別に端を発した民族教育弾圧は地方自治体が教育助成金を停止・削減しただけでなく、朝鮮幼稚園を「幼保無償化」から、朝鮮大学校生を「学生支援緊急給付金」の対象から除外する事態にまで至ったのです。私は幼稚園生から大学生までためらいなく差別する日本政府に対する怒りを抑えることが出来ません。同時に朝鮮学校の学生たちの心の痛みに無関心な日本社会の状況を大変残念に思います。

学生たちが「無償化」闘争過程で「人権は戦いで勝ち取る」という真理を胸に刻み、祖国統一と日本の地域社会発展に寄与する人材になる思いをより強くしたことは「無償化」闘争で得た尊い成果でした。

２０１４年４月、東京地裁で意見陳述した鄭志堅《チョンジギョン》君（当時高３）は「裁判所は政治情勢に左右されることなく法律と正義にもとづいて裁判を行ってほしい。法律を学び在日同胞の権利を守る弁護士になりたい」と述べた通り昨年司法試験に合格したのです。同様に呉香仙《オヒャンソン》さんと任太赫《イムテヒョク》君が「無償化」闘争を通して弁護士になった事実に「無償化」闘争の成果が端的に表されています。

また、東京中高「オモニ会」の「無償化」差別是正の呼びかけは「金曜行動」や「院内集会」などで参加者たちに深い感銘を与えました。子供たちの未来のために奔走したオモニたちの情熱と「オモニ会」の精力的な活動は民族教育を守り発展させる強力な原動力であることを如実に示しました。

「真の友人が一人いればどんな苦難も乗り越えられる」との言葉通り朝鮮学校を取り巻く厳しい状況の中でも「東京朝鮮高校生の裁判を支援する会」、「日朝学術教育交流協会」、「練馬の会」、「無償化裁判弁護団」などの心こもった支援に私たちは励まされると同時に人々の真心を実感したのです。「裁判を支援する会」が「無償化」裁判開始から現在まで9年間「ヨンピル通信」を33号まで発行して朝鮮学校差別是正の世論を喚起してきたことに心からの敬意を表します。

他方で「無償化闘争」は、「ウリハッキョと子どもたちを守る市民の会」をはじめ南の同胞と在米同胞、在日同胞が手を取り合って日本政府の朝鮮学校差別に反対した意義深い戦いでありました。民族教育の

70年の歴史で初めて築かれたこの強固な「連帯の絆」は、祖国統一を願う私たちの貴重な財産となったのです。

最後に、朝鮮学校を心から支援して下さった方々に、朝鮮学校の教員たちの名で心から「応援ありがとう！」と感謝の言葉を送ります。

私たちは朝鮮人としての自己を形成できる唯一の学び舎である朝鮮学校を守り抜き、差別に屈せず「高校無償化」が適用されるまで闘い続けます！

オモニにとっての朝鮮学校

李正愛《リジョンエ》（元東京朝鮮中高級学校オモニ会会長）

「ウリハッキョ」＝私たちの学校は、在日朝鮮人として生まれた子どもたちを朝鮮人に育ててくれる唯一の学校です。

「ウリハッキョならではの温かさがあるよね」「ウリハッキョだからできることだよね」とオモニたちはよく言います。

どんな時に使われるでしょうか。

それは、子どもたちが「ウリマル」＝私たちの言葉（朝鮮語）で話し、笑い、歌い、踊り、堂々と自身の思いを語る姿に感動した時です。

入学して間もない子どもたちが朝鮮語を習い、あっという間にペラペラと話す姿にはとても驚かされ、その可愛さに胸がいっぱいになります。

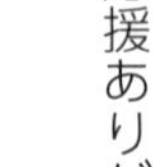

また、ウリハッキョでは「1人はみんなのため、みんなは1人のため」という言葉を学校生活の中でよく使い、そのような視点から1日の自分を振り返り、発言し、クラスや部活動でも全体に呼びかけます。また「チョーウンイルハギ」좋은 일하기という「みんなのための良いことを自らする」習慣があります。それは、勉強で困っているトンム（友だち）に教えてあげること、跳び箱をうまく跳べなくて困っているトンムに教えてあげること、学校周辺のゴミ拾いなどです。

ウリハッキョでそんな場面をみたり聞く度に、オモニたちは心温まり「ウリハッキョ」の有難さを感じるのです。

そして、ウリハッキョ卒業生が「朝鮮学校卒業生」として目覚ましい活躍を成し遂げ（最近ではラグビー日本代表になった李承信選手の活躍など）他者への貢献が日本社会全体に良い影響をもたらしていることは本当に誇らしく「（無償化じゃなくて本当に大変だけど）ウリハッキョに入れて良かった」と思うのです。

オモニたちの中には2〜3件のパートを掛け持ちながら働いているオモニもいます。

そのような状況でも財政が厳しいハッキョのために、オモニ会がバザーを主催したりキムチ販売をします。

日本の学校では行政が行なってくれるであろう校内修繕、図書室改装などもアボジ、オモニ（父母）たちが手掛けます。

その全てはウリハッキョで学ぶ子どもたちのためです。

このように子どもたちが笑顔で健やかに育つのを願うことは、日本のお母さんたちも変わらないことでしょう。

ウリハッキョが高校無償化制度開始から除外されて12年が経ちました。

全国の子育て中の在日朝鮮人家庭がどんなに待ち望んでいた制度でしょう。

そこから朝鮮学校だけが除外されるという差別は断じて容認できません。

生徒たち自身が立ち上がった高校無償化裁判は、その過程で全国の朝鮮学校差別反対運動へと広がり、東京では毎週金曜日にウリハッキョを支援する日本の方々と学生と共に文科省前に立ち続けました。

文科省に向かって叫ぶ子どもたちの訴え（マイクアピール）は立派で頼もしいけれど、傷つく子どもたちの貴重な学校生活の時間をも奪われるという差別状況に悔しさと怒りが何度も込み上げて来ました。

差別反対を叫ぶ度、こんな思いを子どもたちにさせたくない、こんな歪んだ社会を子どもたちの未来につなげてはならないと強く思い、私たちは闘い続けました。

そして最高裁で不当判決が確定した今も、ウリハッキョを支援する日本の方々や同胞の方々が、コロナの中でも文科省前に立ち続ける姿にとても感謝し励まされています。

朝鮮学校の子どもたちは宝です。

オモニたちには子供のためならどんなことも笑顔で乗り越える、明るさとキムチパワーがあります。

オモニたちはこれからもウリハッキョを守り、ウリハッキョの尊さを知らせる活動を続けます。

これからも朝鮮学校差別をなくすために連帯して行きましょう。

誰もが共に生きる街を目指して

金範重《キンボムジュン》
（朝鮮学校保護者・誰もが共に生きる埼玉県を目指し、埼玉朝鮮学校への補助金支給を求める有志の会事務局）

◆民族にかぶれるな！

父から「お前の先祖は新羅の王様だ」と冗談交じりに言われて育ったからなのか、自身の民族的ルーツで悩んだ記憶がなく、寧ろ周りとは違う自分を自慢していた幼少期であった。地域に同じルーツを持つ知り合いがいなかった小学校時代とは違い、都市部にある中学校に進学したのだが、そこで本名で通う同級生の存在に驚いたことを覚えている。一方、本名で通学することに賛成しなかったり、外国人登録証の交付手続きについて何も語らずにただ私を窓口に連れていくだけだった父の姿を見て、民族に負のイメージを感じ始めた思春期でもあった。民族教育を受けたことがない在日2世である父は、子どもにはルーツに誇りを持って欲しいと思う反面、差別にはあって欲しくないという複雑な気持だったのであろう。かくして高校卒業を控えた頃の私は、「ルーツを否定していないのだから、もう民族について考える必要もないな」と自己完結し、これ以上は「民族にかぶれない」と考えていた。

◆自分を変えるのか、社会を変えるのか

在日朝鮮人大学生が集う留学同という団体の集まりで初めて朝鮮学校の存在を知った。同世代が朝鮮語を話し歴史や文化を語る姿を見て、私こそが民族に〝こだわらない〟という〝こだわり〟を持っていたのだと痛感した。それからはこれまでの自分を取り戻すように民族を学び、語り、実践した。朝鮮学校出身者の大学受験資格問題を通して朝鮮学校への差別的処遇を知り、民族性を育む学校に対する差別は朝鮮人の存在の否定であり、自身の尊厳にも直結すると考えるようになった。人は「朝鮮人」や「男性」といった何かしらの集団的アイデンティティに帰属していると思うが、それが現実社会で葛藤を生じさせる要因となることもある。大事なのは持って生まれた変えようのない自分を〝変える〟より、朝鮮人

が生きにくい社会こそ変えていくことだ。これが大学時代に学んだ、私なりの〝座右の銘〟である。

◆〝共に生きるキムチ〟

2011年3月、埼玉県は補助金を停止した。現知事も「拉致問題等が解決するまで予算の執行を留保すべき」との県議会の付帯決議と、朝鮮高校無償化裁判の判決を理由に不支給を継続している。

2017年11月、補助金問題へのより広範な人々の関わりを目指して、「誰もが共に生きる埼玉県を目指し、埼玉朝鮮学校への補助金支給を求める有志の会」が結成され、私は事務局メンバーとなった。「共に」も「生きる」も使い古された言葉かも知れないが、障害者問題に関わる方から、「日本人も朝鮮人も、障害がある人もない人も同じ街に住んでいるけど、上から見ると全然混ざっていないです」と言われたことで、私はこの言葉の可能性を意識するようになった。「有志の会」の目的は補助金支給の再開であるが、その過程や志向において朝鮮人と日本人の社会が混じり合い、共に豊かな地域を作る仲間となることも大切だ。不当な扱いや差別を許さない「仲間」はどの地域にもいる。そう確信するようになったのは、埼愛キムチ事業だ。学校の財政支援の為に始めたキムチ販売であったが、今では全国各地の日本の方から3000袋を超える注文が届く。BTSのファンが集うサイトで埼愛キムチを知ったという方もいた。様々な方が様々な媒体で宣伝をしてくれるのだ。「補助金停止は不当です。ずっと朝鮮学校を応援します」といった心温まるメッセージも届く。何より嬉しいのは、地元の方が授業見学やキムチを買いに頻繁に来校するようになったことだ。少しずつではあるが、共生の原風景を描いていければと思う。

乳化とは油や水分のように混ざり合わないものが均一に混ざり合う状態のことを指す。しかし、しばらくすると再び分離してしまうので、乳化剤と呼ばれる物質が必要となる。私は誰もが共に生きることのできる社会の為に、乳化剤の役割を果たせればと思っている。

朝鮮学校を守ることは今に生きる大人の責任

（朝鮮学校元保護者・阿佐ヶ谷朝鮮学校サランの会副代表）申《シン》静《ジョン》子《ジャ》

在日二世であった私が朝鮮人である自分を受け入れられるようになったのは、20歳をとうに過ぎた22歳の時でした。それまでは日本名で呼ばれることを当たり前と思い、朝鮮人であることに劣等感を持ち、自分を生んだ親を恨みながら、周りの人に朝鮮人であることがばれないよう息を潜めるように生きていました。日本人とは区別がつかないので、分からない時は普通に接していた人たちが、朝鮮人だと分かると陰口をたたき、一線を引き距離を置いていくのです。その都度またかと腹立たしくも寂しい思いをしました。そんな私を見かねて、高校の先生が帰化を勧めてくれたこともありました。矛盾を抱えて生きていく中で、私は自分が朝鮮のことを何も知らないことに気が付きました。せめて歴史くらいは知りたいと思い兄に相談したところ、兄は知人から青年たちが民族の歴史などを学べる講習会のことを紹介してもらい、私に勧めてくれました。その知人の伝手で埼玉県大宮で2か月間、講習会に参加し、学ぶことになりました。

そこには、日本全国から私のような若者が大勢集まってきていました。私のような者がこんなに大勢いたことにも驚きましたが、仲間がいたことはとても嬉しかったです。ほとんどの者が私のように本名すら知らない者たちでした。学びを通して私は自分がいかに無知であったかを知り、差別を運命と諦めた愚か者だったことを知りました。在日朝鮮人が60万人もいることや、なぜ日本に住むようになったかを知り、朝鮮人として誇りを持つことを教えられました。初めて本名を教えられ、22年間親兄弟からさえ呼ばれたことのない名前で呼ばれる生活が始まりました。感動の日々でした。私は生まれ変わり、人間宣言をし、人としての尊厳を持つことが出来ました。朝鮮民族の一人になりました。

卒業と同時に私は、在日本朝鮮商工会で働くことになりました。今までと違って周りは朝鮮人ばかり、彼らは生まれたての朝鮮人である私をとても大切にしてくれました。同胞たちの温かい思いやりは、私に、私も同胞の為に役に立つ人間になることを決意させました。私たちに与えられるべき当然の権利が侵害されていることも知り、私は仲間と共に権利を勝ち取る為に闘うことにしました。

長い闘いの中で大勢の日本人の仲間も出来てきました。

3年くらい勤めて私は家庭を持ち、子どもも出来、子どもたちが就学するようになり学校と関わりを持つようになりました。朝鮮学校は在日朝鮮人の血と涙と汗で出来ていました。我が子の入学式でも、孫の入学式でも、私は自分の身体が感動で小刻みに震えるのを止めることが出来ませんでした。朝鮮民族の子孫として仲間と朝鮮語が学べ、朝鮮の歴史も学べ、朝鮮の風習、文化も学ぶことが出来る場に立たせてあげられたことは私の最大の喜びでした。子どもたちにも孫たちにも私と同じ苦しみを味わわせたくありません。

一世たちは、我が子を誇らしい朝鮮民族の子として育てるため、植民地から解放されるや否や学び舎を作り、子どもたちへの教育をいの一番に始めたのです。そして常に子どもたちの教育を優先し、より良い環境をと新しい学校も建ててきました。これらの膨大な費用は、全て在日同胞が一丸となって自分たちの手で解決してきました。並大抵のことではなかったと思います。65年前、私に朝鮮人としての自尊心を持たせてくれた一世たち。私が朝鮮人の心を持てたことは私が両親に出来た一番の親孝行でした。

一世たちが築き上げた子どもたちの学び舎、朝鮮学校を守っていくことは、生まれ変わった私に同族愛で包んでくれた一世たちの恩に報いる私の唯一の道です。朝鮮の子どもたちの権利である朝鮮学校を守ることは今生きる大人の責任だと思います。

日本人市民として

私と朝鮮学校、そして無償化裁判

松野《まつの》哲二《てつじ》（チマ・チョゴリ友の会）

２０１０年３月、私たちは代々木公園野外ステージにいました。無償化排除に反対する緊急行動を「ウリ（私たち）の会」が呼びかけ、都内各地から70団体が賛同して１０００人が集まりました。私が、２０１４年２月、東京朝鮮高校生原告62人の裁判支援に至るきっかけとなった行動です。

時の政権の極めて政治的な扇動政策である高校無償化排除が、まさか司法によって追認されるはずがない。弁護団の法理論によって必ずや粉砕されるだろうと思いつつ、私は「裁判を法廷に留めていてはいけない。広く社会化しなければ勝てない」と訴えてきました。それは、東芝府中人権裁判の社会化による勝利を体験してきたからでもあります（『東芝府中人権裁判の足跡』細川工房　２０１８年）。

東芝府中工場の労働者だった私が、朝鮮学校支援の活動を始めたきっかけは３つあります。１つは娘の公立保育園で知り合った保護者に朝鮮総連南部支部の職員がいて仲良くなったこと。２つ目は、東芝人権裁判

に地域からの支援で勝てた恩返しとして始めた「学校と職場のいじめホットライン」の活動で、お子さんを自死で失ったご両親にお話を伺った時に、「子どもを追い詰めたのは親であり教師でもあった。いじめの原因はおまえにもあるのではないか、と問い詰めてしまった」と痛苦の思いを語りました。その時、気づいたのです。この日本で最も理不尽ないじめを受けているのは、朝鮮学校の子どもたちではないかと。自然とチマ友への熱量が増してきました。3つ目は、言葉も文化も命まで奪い尽くした日本の歴史責任から朝鮮学校支援活動は日本社会の、私自身の課題であると思ったからです。

1998年、私たちは学校関係者、朝鮮総連南部支部の皆さんと一緒に「チマ・チョゴリ友の会」を発足しました。私たちは、私たちを必要としない社会を作ることが目標でした。2007年には多摩地域で自主的に支援活動する7つの市民グループと立川、町田の朝鮮学校・保護者会が一体となって「立川町田朝鮮学校支援ネットワーク・ウリの会」を発足しました。

しかし、私たちが無用になるどころか事態は益々悪化し、無償化排除に至っては、公権力が差別の実行旗振り役となりました。こうして私は東京地裁14回の全てに参加し、法廷の外で高校生の見守りや、傍聴待ち整列係をしてきました。

そして、ついに2017年9月地裁判決の日、私は勝利を願いつつ司法の反動を心配していました。垂れ幕の文字に落胆と怒りが巻き起こりました。不当判決ー　でも絶望などしません。地裁前には高校生たちが歯をくいしばり負けないでいる姿があったからです。悪法に、腐敗司法に従う必要はありません。

チマ友は「いつでもどこでも誰でも朝鮮学校支援」を合言葉に24年間積み重ねてきた諸活動に一層熱

く邁進します。

チマ・チョゴリ友の会の主な活動は5つ。①キムチ頒布会（毎回1000袋近く）②ハングル講座（これまで500人を超える市民がまなぶ）③朝鮮文化とふれあうつどい&フリーマーケット（毎年秋に24回連続開催）④「在日一世と家族の肖像・写真展」⑤立川と町田の朝鮮学校に全額を寄付する「ウリの会基金活動」（現在までに1500万円を超えるカンパが全国から寄せられ、絶えることがありません）。

以上がこれまでの活動です。そして、新たな課題として「命と健康から朝鮮学校を排除するな！東京都補助金復活学習会運動」を展開中です。これは、立川の朝鮮学校を訪問したウリの会の一員、「ハムケ・共に」が、老朽化したエアコンの買い換えにクラウドファンディングをしていることに、命と健康に係わるエアコンに何故「公的資金」が適用されないのか疑問に感じ、併せて東京都の補助金が12年間も凍結されていることを問題視しました。直ぐに都議や国会議員に働きかけ、昨年4月に施行された「東京都こども基本条例」に着目しました。私たちは、その「気付き」に促され、先ず多摩地域横断連続相談会運動を展開することにしました。

これは、補助金復活を「都民の理解が得られない」と公言する都に、この運動を朝鮮学校支援の遠くに居た人々にも広げ、私たちが「都民」だと言える裾野を作る希望に満ちた活動です。

無償化排除が導いた朝高生との出会い

林《はやし》 明雄《あきお》（朝鮮学校とともに練馬の会）

私が朝鮮学校と出会うことになったきっかけの一つは、2009年12月の、在特会による京都朝鮮学校襲撃事件のネット映像を観たことです。当時は朝鮮学校のことは高校ラグビーやサッカーで名前を耳にするくらいで、ほとんど何も知りませんでしたし、もちろん朝鮮学校の門をくぐったこともありませんでした。しかし、あの校舎の中には、幼い小学1年生から多感な年ごろの6年生までたくさんの小学生がいたのだろうことは想像がつきました。それを思うと、なんと惨いことをやるやつらなのだろうと、怒りが爆発しそうでした。そして、同時に、このようなことを許してしまった、そして許す日本社会にしてしまったことに対して、責任を痛感しました。

そんな中、翌2010年2月になって、4月からスタートしようとしていた高校授業料無償化の朝鮮高校生への適用を留保する動きが出てきたわけです。在特会による襲撃も許せませんでしたが、国がこのような差別をするなんてとんでもない話であって、絶対に許してはいけないことだと思いました。

そこで、日ごろ地域で諸課題を一緒に活動している仲間の呼びかけで、3月9日に地元練馬で行われた「高校無償化からの朝鮮高校生排除反対」の駅頭情宣に私も参加しました。これがきっかけになって、「練馬の会」が立ち上がり、私もその一員として朝鮮学校への高校無償化の適用を求める活動を始めたわけです。そして、ここからが、私の朝鮮学校と朝鮮学校生との出会いの始まりでした。

その後、「練馬の会」の活動を継続するとともに、「無償化連絡会」の活動にも参加する中で、初めて朝鮮学校にも行きました。初めて行ったのが、いつのことであったか記憶が定かではないのですが、十条の中高級学校が最初だったと思います。十条にはその後も行事などの度に、何度もお邪魔しています。十条の他にも、5～6校の初級学校にお邪魔する機会もありました。どこへ行っても印象に残っているのは、子どもたちが礼儀正しくて、お行儀よくて、明るく元気な表情をしていたことでした。それは、ひょっとしたら私（たち）のような「お客さん」の前だからなのかなとも思いましたが、こんなに「いい子」にしていたら疲れてしまわないかなと少し心配になってしまうくらいでした。

私が、朝鮮学校の生徒と最も親しく交流できたのは、練馬の会で毎月行っている、朝鮮学校への無償化適用を訴える駅頭情宣に参加してくれた東京朝高の高校生たちとでした。毎回、10人くらいの高校生が交代で参加してくれて、一緒にリーフレットを配り、そしてマイクを持ってアピールもしてくれました。やはり、高校生が訴えると道行く人の反応もよくて、リーフレットの受け取りもとてもよくなります。参加する高校生たちは、それぞれ自分の思いを用意してきて堂々とマイクを持ってアピールしてくれます。その内容も、とても高校生とは思えないようなしっかりとした主張で、感動させられることもたびたびでした。

その一方で、やはり高校生らしいやんちゃな側面を見せてくれる子もいますし、おとなしそうで人前で話すことが苦手な子もいました。苦手な子が一生懸命に話してくれる姿には一番感動させられました。そんな子が、終わった後の感想として、「はっきり言って、やるまではとても怖かった。でも、参加してよかった」と言ってくれた時は、本当にほっとしたのをよく覚えています。

また、ある時は、高校生10人とともに情宣を行っていたら、そこに突然4～5人のヘイト集団が現れて、大音量でヘイトスピーチを浴びせるという事件もありました。それでも高校生たちは、情宣活動を中断することなく継続し、ヘイト集団が立ち去った後には、マイクを持って、しっかりとしたアピールもしてくれました。あんなに間近で、自分たちに対するヘイトスピーチ攻撃を受けて、さぞかし恐怖を感じたことだろうと思います。そんな思いをさせてしまって本当に申し訳ないと思いました。そして、それにもかかわらず、堂々と情宣活動を続けてくれた高校生の勇気には頭が下がる思いでした。

今思えば、高校無償化からの朝鮮学校排除がなければ、今でも朝鮮学校には行ったことがなかったかもしれません。その意味では、皮肉な話ですが、高校無償化からの朝鮮学校排除が、私と朝鮮学校、朝鮮学校生、そして先生、オモニ、アボジなど多くの在日朝鮮人のみなさんと引き合わせてくれたのでした。今となっては、この出会いは私にとっての大きな財産となりました。

活動を通しての出会いに感謝

森本孝子《もりもとたかこ》（朝鮮学校「無償化」排除に反対する連絡会共同代表）

私が朝鮮高校無償化排除問題について、無償化連絡会に参加したのは、２０１１年６月のことだった。朝鮮学校も無償化制度適用されるという当初の朗報が、留保となったことで、各地で差別反対の声が上がり始めた。練馬の人たちが声を上げたことに励まされ、私の住む荒川含めて下町には４校もの朝鮮学校があるのに、何かしなくてはという思いに駆られた。急遽これまでの運動で知り合った方たちに声をかけ27人の呼びかけ人を集め、「朝鮮学校下町応援団」を結成し、集会を行った。２００人の参加者があり、希望を感じた。田中宏先生始め各地からの発言も素晴らしかったが、何といっても圧巻だったのは、最後にスペシャルゲストとして登場した当時東京朝鮮中高級学校の校長だった慎吉雄《シンギルン》先生の発言だった。終了後のアンケートには、「こういう人に日本の首相になってほしい」という記述が複数見られるほどだった。当日の報告を携え、学校を訪問した。その後、私に一通の厚い文書が届いた。見ると校長先生からの1冊の本を丸ごとコピーしたものだった。その本は当時絶版になっていた『都立朝鮮人学校の日本人教師』（梶井陟著）だった。驚くとともに、頑張ってほしいという先生の願いを託されたと思った。この本は、後に田中宏先生のご尽力で岩波現代文庫として再刊されている。

無償化連絡会の活動は多岐にわたった。大きな集会を何度も実行した。その中で忘れられないのが、私が司会役をしたある集会での出来事だった。部落解放同盟都連の役員で練馬の運動を始めた堀純さんが、ちょうど東京で開催された解放同盟の集会に参加するために集まっていた青年たちを連れて来てくれたのだ。朝鮮学校の青年たちと部落の青年の熱い出会いの場に思わず涙がこぼれた。その後も大きな集会やデモを何度も繰り返した。代々木公園・日比谷公園大音楽堂（日比谷野音）など大きな会場がいっぱいになった。小雨降る中で、高校生を守りながら、右翼の妨害にも負けず敢行した渋谷デモも忘れがたい。

そして、今は亡き金日宇《キムイルウ》さんが琴基徹《クムキチョル》さんとともに立ち上げた、阪神教育闘争（通称4・24《サイーサ》）で犠牲になった二人を偲ぶ青山墓地の墓前追悼には最初から参加した。韓国でやっと朝鮮学校の存在が知られるようになり、「ウリハッキョと子どもたちを守る市民の会」が立ち上がり、その共同代表である孫美姫《ソンミヒ》さんが来日してフリーだった日に、通訳の加藤さんと、この青山墓地に案内するや、孫さんは帰国後すぐに人権週間をつくり、全国運動を展開した。この訪日団はこれまで16回来日しているが、私は第1回からずっと参加

し、最初の頃は訪問先の企画にも参加して高麗神社や関東大震災時に多数の朝鮮人が虐殺された荒川河川敷の現場にも案内した。韓国訪日団に同行していると、感動的な場面にたくさん出会う。千葉朝鮮学校を農民団体が訪問した時には校門を入るや涙を流しながら子どもたちを抱きしめる人、教職員組合訪日時には、自分に子どもがいたら、飛行機に乗ってでも朝鮮学校に通わせたいという若い教員、母親中心の訪問団では、授業参観を通して、自分の子どもたちを朝鮮学校に通わせたいと思うと涙ながらに語った姿も忘れがたい。仲間を大事にしながら共に育つことを目標にしている学校の姿は、韓国や日本の競争社会を反映した学校とは違うのだと思う。

無償化連絡会が声掛けをして発足した「国連・人権勧告の実現を！」実行委員会の活動でも多くの人権課題に取り組む人たちと貴重な出会いがあった。とりわけ、「アイたちの学校」の映画を制作した高賛侑《コウチャニュウ》監督との出会いでは多くのことを学ばせていただいた。朝鮮学校差別が外国人差別に連鎖することを描いた「ワタシタチハニンゲンダ！」の新作映画の上映運動を成功させたいと思う。

私は、朝鮮学校は日本が朝鮮を植民地支配した過去を証言し続ける歴史の「生き証人」だと思っている。中村一成さんの『ルポ京都朝鮮学校襲撃事件』の本に同じ言葉を見つけて感動した。いま、日本は再び戦争の道を歩もうとしている。朝鮮学校を守る活動は、戦争に反対する活動とリンクする。頑張ろう！

全国行脚「朝鮮学校を歩く！」1100キロ・156万歩の旅

長《は》谷《せ》川《がわ》和《かず》男《お》（朝鮮学校「無償化」排除に反対する連絡会共同代表）

●「全国行脚」に踏み切った理由

2017年6月20日から12月22日までの半年間、全国の朝鮮学校を訪問させていただいた。当時全国にある朝鮮学校は、休校となっていた2校を含めて67校であった。私が「全国行脚」に踏み切ったわけは、朝鮮大学校の学生が始めた文部科学省前の「金曜行動」で聞いた学生のアピールだった。

「私は九州朝鮮中高級学校を経て、現在朝鮮大学校の3年生です」「私は大阪朝鮮高級学校で学び、現在朝鮮大学校の1年生です」どの発言者も、母校の名前を語るその声は、力強く誇らしげに聞こえた。民族に誇りを持ち、差別に満ちた日本社会の中で胸を張って堂々と生きる自信に満ちあふれていたのだった。それを聞きながら「この運動にかかわっていながら、全国にある朝鮮学校のほんの一部しか知らなくていいのだろうか?」と強く思うようになった。大阪、愛知、福岡、広島、東京の5つの地域で闘われている地裁判決の日取りが次々に決まる中で、裁判支援者にできることは限られている。「そうだ、全国の朝鮮学校を訪問しよう。全国の朝鮮学校で学ぶ子どもたちに、応援している日本人もいるよと伝えたい。厳しい中で必死に教えている朝鮮学校の先生たちを励まそう。厳しい生活の中で朝鮮学校にお子さんを送りだしているオモニ、アボジを励まそう」

2017年7月19日の広島、7月28日の大阪、9月13日の東京、3つの地裁判決が決まっていた。その時は、現地で迎えようと決心した。無償化連絡会の会議では、3つの条件が示された。①学校には事前に連絡して、学校の意向を最優先させること。②タブレットを購入し、フェイスブックで毎日の動向を知らせること。③「全国行脚」は、長谷川和男個人の責任で行うこと。事前に綿密な計画を立てることができなかったが、「まず一歩踏み出す! その場その場で誠実に対応すれば何とかなる」と言い聞かせて、福岡からスタートした。

●一歩踏み出してよかった！

6月20日から7月29日までの第1次訪問は、夢のような、感動の日々だった。福岡県教組の元委員長で、日朝学術教育交流協会の会長をしておられた中村元気さんに、福岡のコーディネートをしてもらったのは大正解だった。朝鮮学校訪問はもちろん、福岡裁判を担う弁護団、朝鮮学校を支える支援団体、市民団体の人たちとの交流、九州の在日コリアンが歩んだ歴史をたどるフィールドワーク、すべてに配慮が行き届いていた。何よりもうれしかったのは、朝鮮学校に学ぶ子どもたちと先生方、オモニ会やアボジ会の皆さんに直接気持ちを伝えることができたことであった。小倉の駅前で支援者と一緒に街頭宣伝ができたことも、私の気持ちを高ぶらせる大きな収穫となった。

●無償化の旗の威力を知る！

出発前、チマ・チョゴリ友の会の松野哲二さんから、「朝鮮学校にも高校無償化を！」ののぼり旗を託された。頑丈なアルミ製の太いポールは、軽いが少々の風ではびくともしない。韓国の市民運動の人たちから学んだ一人デモは、メッセージを掲げて一人で街中を歩くというものだった。大きなのぼり旗を掲げて歩けば、届け出のいらないデモ行進になるのだ。

●旗とフェイスブックの威力を思い知る！

私は連絡会のメンバーから指示された通り、毎日の行動を写真にとり、フェイスブックにあげた。なにしろ出発前一週間前に購入したタブレットを操作することは難しく、悪戦苦闘。「顔写真が大きすぎる！」という苦情もあったが、アップするだけで精一杯だった。それでも、日増しに反応は増えていった。

特に地元のオモニ会がかたずをのんでみてくれていて、異常な猛暑が続く国道2号線で、熱中症寸前の私の投稿を見て、何人ものオモニが車で探しに来てくれた。突然私の横で車が止まり、するすると開いた窓越しに「長谷川さんですか？　荷物をはこびましょう！」地獄に仏とは、よく言ったものである。

旗の威力も素晴らしく、福岡の金平団地の隣の旧福岡朝鮮幼稚園跡のフェンスで声をかけられたり、山口に向かう途中で歓迎の声をかけられたりするなど、多くの声援をあちらこちらでいただくことができた。見ず知らずの人から「このような差別は許されませんよ。頑張ってください！」優しい言葉に、何度励まされたことか。

●広島、大阪地裁判決に立ち会う！

6月20日から7月29日まで、福岡、山口、広島、愛媛、岡山、四国、兵庫にある朝鮮学校をすべて訪問することができた。広島と大阪では、地裁判決にも立ちあった。地裁判決の最初は、広島である。当日、傍聴席で聞いた不当判決と長々と述べられた判決理由は、聞くに堪えないものだった。広島地裁判決の悔しさが大きかっただけに、大阪での地裁勝訴の喜びは格別で、報告集会後の交流会は、最高に盛り上がった。朝鮮学校訪問は、学校が夏休みに入るのでいったん中断して、帰京した。直後の無償化連絡会の裁判報告会では、大阪勝訴のビデオが流され、不覚にもマイクを手に泣いてしばらく発言ができないという初めての経験もした。

●東京朝鮮中高級学校では、朝高生のつくる騎馬にまたがって入場！

9月は静岡、長野、神奈川、大阪、和歌山、奈良、京都、滋賀の朝鮮学校を訪問した。それぞれの朝鮮学校で大歓迎を受け、ほとんどすべての学校で授業見学、教職員やオモニ会、アボジ会、教育会の方々と懇談し、「朝鮮学校を守ろう！」という熱い決意に触れることができた。

「東京地裁判決の前日は、是非東京朝鮮中高級学校に来てほしい！」という愼吉雄《シンギルン》校長先生の要請で、一旦東京に戻り、9月12日、東京朝高を訪問した。校門では4人の高校生が待っていて、「私たちの作る騎馬に乗ってください！」「重いよ」と言って乗ると、全校生徒と教職員が待つ講堂へ。拍手で温かく迎えられた私は、「東京地裁の口頭弁論をすべて傍聴したが、圧倒的に原告の主張が勝っている。明日は必ず勝ちましょう！」と呼びかけた。しかし残念ながら、あくる日の東京地裁判決は、不当判決という悔しい結果となった。司法の論理をかなぐり捨てた忖度体質に、怒り心頭に発した。

その後も私は全国行脚を続けた。

以前から何度も招かれて山行に同行した在日本朝鮮人登山協会の合宿に参加し、「無償化の旗」は八ヶ岳連峰の北横岳と入笠山に登った。各地域では、朝鮮学校を支援する団体と交流できたことが大きな収穫だった。

10月は福井、岐阜、三重、千葉、兵庫、愛知、栃木を訪問。11月は東京、埼玉、北海道、宮城、福島、新潟を訪問。12月は茨城、群馬。そして、「全国行脚」の締めくくりは朝鮮大学校だった。フィナーレを飾る訪問は、そうそうたる支援者の皆さんが一緒に歩いてくれたことも忘れられない思い出だ。

●半年間の「全国行脚」を振り返って

私はたくさんの貴重な経験をさせていただいた。何よりもうれしかったのは、朝鮮学校に通う子どもたちに会い、先生方と交流し、オモニ会やアボジ会、教育会の皆さんに励ましの言葉と心を伝えることができたことである。全国の朝鮮学校にはそれぞれの歴史があり、その歴史に込められた在日一世、二世、三世の苦労と献身を知ることができた。知ることで「朝鮮学校を絶対に守り抜くぞ！」という、揺るがない決意を固めることができた。

最後に、一人の行動はそれがどんなにささやかなものであっても、無駄ではないというエピソードを紹介しよう。下関の坂道を朝鮮学校に向かって、歩いていた。すれ違った二人の高校生から、声をかけられた。「その旗なんですか？」「高校無償化から朝鮮学校だけが外されているんだよ」「そんな大きな荷物をしょって、どこまで行くんですか？」「この先の朝鮮学校まで」「どこから歩いてきたのですか？」「小倉から」「ええー！　それでどこまで行くんですか？」「大阪まで」。変わった人もいるもんだと、二人はびっくりしたに違いない。

これには、後日談がある。一年後、山口の支援団体から講演を頼まれた時のことだ。講演後、駅頭宣伝行動が組まれていた。行動の合間に支援者である内岡定雄さんからコーヒーに誘われた。私がコーヒーを運んで席に戻ると、「長谷川さん、あの二人の女学生が長谷川さんのこと知っているみたいですよ」。下関ですれ違って言葉を交わした二人だった。

韓国市民から

「高校無償化」が適用されるまで朝鮮学校は戦い続けます！

孫美姫《ソンミヒ》（ウリハッキョと子どもたちを守る市民の会共同代表）

こんにちは。

韓国の〈ウリハッキョ〉と子どもたちを守る市民の会共同代表孫美姫です。全世界の大災難であるコロナ政局でもウリハッキョと子どもたちを守るために誠意をつくして今日も共に活動する皆さんに尊敬と感謝のごあいさつをします。

植民地期、日本への渡航を余儀なくされた私たちの同胞が解放直後故国に帰る日を夢見ながら、子どもたちに私たちの民族の言葉と文字、歴史を教えるために始まった〈朝鮮学校〉。

日本が過去の植民統治と迫害の歴史的産物であるこの〈朝鮮学校〉を支持して後援することまではできなくても、正常化することも出来ない朝日関係を理由に子どもたちを差別して迫害することは本当に野蛮的で、現代化した文明国家ではありえない「犯罪」中の「犯罪」です。

また、日本の地に生きて各種税金を堂々と出していても、このような差別にあうのはそもそもありえないことであるし、あってはならないことです。しかし、日本政府は私たちの同胞と子どもたちに不当な差別と弾圧を継続してきています。日本政府の差別政策により朝鮮学校学生たちは、盛んに勉強して、友だちと走って遊ばなければならない学生時代に、時間を割いて、高校無償化適用を要求する署名運動をし、集会をして路上に立っていました。しかも子どもたちを裁判の原告に立たせるようにしました。朝鮮学校差別問題は子どもたちの教育権と平等権を侵害する人権破壊の問題であり、日本の侵略戦争による苦痛を無視し加重させ、歴史正義を破壊する問題です。今この時間にも日本社会で在日同胞と朝鮮学校に対する差別はいつでも、また数えきれないほど、露骨に行なわれています。なぜ私たちの同胞と子どもたちが、日本社会から差別と嫌悪の対象にならなければなりませんか？

　しかし、そのような差別の地でも私たちは希望を見ます。他人の国、他人の地でも民族的誇りと自負心を守り堂々と生きていく私たちの同胞がいて、朝鮮学校に通えて、あまりにも幸せだという私たちの子どもたちがいて、共に生きる日本社会のために、未来の東アジアの平和のために私たちの同胞と手をつないでこられた日本の良心的でありがたい方々がおられて、どれだけ頼もしいかわかりません。

「あなた方はあなた方の民族の問題で、同胞の問題なのになぜ誰も出ないのですか?」、日本のある先生が尋ねました。日本全域で差別に反対して子どもたちを守るために活動をしている人々を見ながら、

韓国でも遅れましたが、恥ずかしい気持ちで２０１４年６月13日、宗教界、女性界、労働界、法曹界などが集まって〈ウリハッキョと子どもたちを守る市民の会〉を結成しました。この間〈朝鮮学校差別撤廃〉、〈高校無償化および幼保無償化〉適用を要求する署名運動を何回も行なって、日本政府と文部科学省、韓国の日本領事館と国連人権理事会などに伝達もし、「朝鮮学校差別反対、高校無償化適用を要求する金曜行動訪問団」を構成して、２０１４年６月から２０２０年２月まで公式に14回、朝鮮学校を直接訪問、文部科学省職員面談と抗議行動なども行ないました。２０１４年12月５日

から8年間行なっている韓国の日本大使館前の金曜行動も9月現在（9／16）、386回に至っています。毎週金曜日ごとに日本の文部科学省の前の私たちの子どもたちと韓国の日本大使館、平和の少女像、済州道の日本総領事局、農村の原と各闘争の現場で私たちは一つの気持ちで会っています。私たちは勝利するその日までこの行動を止めないで一緒にするでしょう。また、朝鮮学校の差別実態を知らせる各種寄稿と討論会、映画で知らせること、記者会見と署名運動など連帯活動を今まで一緒にしていますが、結果を見ることができなくて苦しいです。

それでも、私たちの子どもたちの美しい文章を本にした〈コッソンイ〉は2019年「私たちは朝鮮学校学生です」、2020年「私たちは堂々とした朝鮮人です」、2021年「私たちは統一に走って行きます」という名前で3回発刊されました。これは本当に意義あって意味深いことでした。この〈コッソンイ〉の本は朝鮮学校の子どもたちを知らせる本でもあり、分断を超えて統一へ向かう重要な教材になったりもします。韓国の教育現場で統一教材として広範囲に活用されています。〈ウリハッキョ市民の会〉は今日まで行われている在日同胞と〈朝鮮学校〉に対する差別と弾圧は、その始まりが分断にあると感じて、分断を克服して平和と統一に向かった各種活動をさらにがんばり、統一に向かって共に走って行っています。

日本政府の不当な差別に相対して戦ってきた10余年の闘争と涙、ため息と叫び声、希望と夢を記録した記録集が作られることは、また再び始めるという決心です。絶対に退くことができないという力強い意志でもあります。力強く捉えた手で、連帯の力によって必ず勝つという決意の現れであります。この記録集は日本社会にも、在日朝鮮人にも、韓国社会にも真に大事な財産になることでしょう。本当にお疲れさまでした。どうもありがとうございます。共にしたあなた方によって私たちは必ず勝つでしょう。

（翻訳：佐野通夫）

まだ遠い道、楽しく行かなければならない道

金明俊《キムミョンジュン》（朝鮮学校と共にする人々モンダンヨンピル事務総長）

この文を書くまさに何日か前だった2022年10月初旬、演劇「チマチョゴリ」（劇団　タルオルム）ソウル公演を観覧した。すでに韓国と日本で何度も見た演劇なので観客の反応を観察しやすかった。観客の半分はすでに朝鮮学校をよく知っている人であったし残り半分はまだ朝鮮学校をよく知らない人々だった。演劇観覧後に続いた観客との対話で、朝鮮学校に対する差別事例をさらに知りたい観客の質問が続いた。すでに20年近く朝鮮学校と共にしてきた筆者は、行き来する質問と返事の間で大きな恥を感じるほかはなかった。まだ朝鮮学校の存在さえ知らない人々がこのように多かったとは……。

しかもまた数日後、モンダンヨンピルで企画した講演会で「チマチョゴリと民族アイデンティティー」という主題で在日同胞教授の講演を聞いた。朝鮮学校に関し基本的な知識と経験がなければ消化するのが少し大変な内容だった。教授の熱を帯びた講演とこれに応じる受講者などの深みある質問、討論が続いた。受講申請者が80余人で実受講者は50余人だった。一方では感激し、一方ではありがたかった。今ではこのように多くの人が「朝鮮学校」と「民族教育」を論じられるようになったんだなあ。

このように同じ時期に正反対の現象に向き合いながら、まだ行く道は遠い、という結論を下すほかはなかった。歴史問題に取り組む市民団体の集会や記者会見、さらには地上波放送でも扱っている「朝鮮学校」であるけれど、やはり満足するにはまだ早いという結論だ。高校無償化排除と法的差別、これに抵抗した正義感あふれる12年間の闘争も同じことではないだろうか？　いくら考えてもまだ結論を下すには早いと考える。数多くの闘争の方法の中で「法廷闘争」で負けただけだ。まだ1：0のスコアだ。

前半戦がやっと終わっただけだ。それで私たちの闘争を振り返り、ここで「希望」を探して楽観で武装して再び出発しなければならない。

上の韓国での「チマチョゴリ」関連事例にしても、その裏面に隠れた楽観的現象は明らかに存在する。まず観客の多数が「青年」であったという点に注目できる。明確にこの長期的な戦いの滋養分に違いないためだ。彼らの明るいエネルギーが歩く道を楽しくするだろう。講演の受講者大部分はいまや「深さ」を望む。それだけ近づいたということだ。在日朝鮮人の歴史の内面に隠れた痛みまでも受け入れる準備ができているという意味だ。

それなら、「高校無償化闘争」の時間を共にやってきた私たちが失ってはいけない楽観的現象は何か？

まず、朝鮮半島南側でそれこそ「組織的」に活動する市民団体が首都圏に2つ（モンダンヨンピル、ウリハッキョと子どもたちを守る市民の会）、地方に1つ（朝鮮学校と共にする市民の会〈春〉）が存在する。これらの団体と関連にする団体まで考えれば、10年前と比較して注目するだけの成果であることを認めざるをえない。

二番目に、韓・日・在日朝鮮人3者の連帯を上げることができる。過ぎた歳月、地域単位で人知れず朝鮮学校を物心両面で支援した日本人たちが組織を作って闘争の前面に立った。日本の市民は韓国市民に訴えたし在日朝鮮人と共に闘った。この連帯の枠組みをどのように次代の韓・日・在日朝鮮人に伝達するのかが、課題として残った。

侵害を受けた人権を回復するための闘いはいつも長期戦だった。これはアメリカの黒人解放闘争なり南アフリカのネルソン・マンデラを取り上げなくても、私たちは在日朝鮮人の生を通して、すでによく知っている。解放後今まで休まないで戦って得てきた「人間らしさ」の結実がこれを証明する。「外国人学校法案反対闘争」「高校公式大会出場」「通学定期券割引闘争」「大学入学資格争奪運動」「枝川朝鮮学校土地返還訴訟闘争」「京都朝鮮学校襲撃在特会対象訴訟闘争」。人間として正当に生きる権利のためのこれらの闘いで、在日朝鮮人はいつも自身の権利を獲得してきた。

だからまだ「高校無償化争奪運動」を整理するにはあまりに早い。まだ使ってみることができない多くの闘争の方法が残っていて、地球にはこの問題を知らない人々がとても多いためだ。私たちの主体的力量が足りなかったとすればその力量を高めることで、私たちの連帯の緒が弱かったとすればさらに丈夫にすることであり、私たちが強くなかったとすればさらに強くなれば良いだろう。

私たちは結局勝つしかないだろう。なぜか？「人は差別を受けてはいけない」という私たちの主張が極めて正当なためだ。どれくらい楽しく、どれくらい長く、いかに多くの同志と共に闘うかだけが問題なのだ。

（翻訳：佐野通夫）

生きていきながら闘う。いつもそのようにしてきたように

崔相九《チェサング》（KIN事務局長）

高校無償化裁判闘争は、2010年に始まった「高校無償化」制度において審査継続中にもかかわらず、安倍政権が朝鮮学校を支援対象から除外する法令（文部科学省令）を確定したことを受けて2013年から始まった訴訟だった。2021年7月、広島朝鮮学校運営法人と卒業生109人が提起した訴訟が

最終的に棄却され、日本全域で提起された高校無償化関連訴訟5件は皆敗訴に終わった。大阪訴訟でだけ1審で唯一勝訴し、以後大阪の2審をはじめとして、東京、名古屋、福岡、広島で日本の裁判所は政府側の主張を受け入れて、朝鮮学校を無償化対象から除外したことは「国家の裁量権の範囲」と認定した。日本政府はこれだけでなく幼稚園に対する補助金でも朝鮮学校付設幼稚園だけを除外している。コロナ・パンデミックによる支援金も朝鮮大学校学生たちだけを除外した。日本はアパルトヘイトを復活させた国家になってしまった。この間、国連人種差別撤廃委員会と子どもの権利委員会、社会権規約委員会、自由権規約委員会などからの朝鮮学校に対する差別の是正勧告にもかかわらず、国際社会の声まで無視して国際法と規範を気にかけない国家は誰なのかを全世界に自ら知らせた。

一方、韓国で朝鮮学校を支援する会も増え、朝鮮学校に対する支援活動も拡大し、多様に繰り広げられた。２０１１年〈朝鮮学校と共にする人々〉モンダンヨンピルが創立され、韓国の市民団体の連帯の会である〈ウリハッキョと子どもたちを守る市民の会〉が２０１４年に作られた。また釜山と慶南地域では九州と福岡地域の朝鮮学校などと交流した活動を土台に〈朝鮮学校と共にする市民の会・春〉が２０１８年に創立された。また平沢の原爆被害者団体は愛媛地域の朝鮮学校との交流会を作ることもした。また、金福童ハルモニが生前、裁判闘争報告集会にも参加され、遺言で託された思いをつないでいこうと〈金福童の希望〉も結成された。奨学金支給、コンサート、ドキュメンタリー映像製作、国連報告書提出など多様な方式で朝鮮学校と在日同胞の差別問題を知らせる活動等、連帯闘争を共にしてきた。

"It's not your fault" 朝鮮学校に対する差別は朝鮮学校の学生たちに問題があって発生したのではない。植民地支配と誤った歴史まで否定しようとする極右政治の欲望が作り出した結果だ。だから裁判で敗訴したといっても何の関係があるだろうか。笑いながら闘争して希望の明日を作る連帯を準備すれば良い。

そして私たちには、裁判では負けたが、韓日の連帯で危機を克服したウトロ地区の経験がある。ウトロ住民たちが団結して生きて闘っていたので、日本と韓国の支援グループも動揺することなく連帯することができた。おそらくウトロの一世たちはこのように話すだろう。

「アンタらもな、もう落ち込まんと顔上げて前向いて歩きや。生きとったらなんとかなるねん。ウチらずーっとそうしてきたんや。これからやで、そうちゃうか?」〈中村一成『ウトロ　ここで生き、ここで死ぬ』(三一書房　2022年)345ページ〉

KIN(地球村同胞連帯)は、1999年に南と北、そして在外同胞間の交流と協力を目的に創立された。740万在外同胞たちが歩んだ険しい歴史と人権問題を正しく知らせるとともに、様々な問題に直面する同胞たちの処遇改善を図ってきた。2014年、韓国社会で朝鮮学校についての認識、理解を拡げ、深めることを目的に『チョソンハッキョ　イヤギ』(朝鮮学校物語)という本を、「高校無償化」からの朝鮮学校排除に反対する連絡会(朝鮮学校「無償化」排除に反対する連絡会の前身)の協力のもと編集・発刊している(出版社はソニン)。

(翻訳:佐野通夫)

弁護士として

朝鮮学校との個人史20年

松原拓郎《まつばらたくろう》(弁護士)

朝鮮学校に関して、私の原点は2002年3月の新宿梁山泊公演「愛の乞食/アリババ」です。当時、私は司法修習生として弁護士の見習い修行中で、その合間を縫ってこの公演を観に行ったのでした。場所は東中野の「芝居砦・満天星」。

当時はコロナなんてものはなく普通に飲み会もある時代で、この日は芝居が終わった後、満点星でそのまま開かれていた飲み会の末席に、私も参加していました。その席で私は、酔っ払った劇団座長・金守珍さんが別の方に対して、この日の芝居に出てきていた堕胎された子どもたちについて、こう大声で言っているのを耳にしたのです。「俺はこの芝居の子どもたちが俺たちのように思える」、「俺たちは日本からも朝鮮半島からも堕胎されたような存在なんだ」。耳に突き刺さる言葉でした。

その言葉が耳に残ったまま私は司法修習を終えようとしていましたが、そのようなときに日朝平壌宣言と、引き続いて拉致問題に絡んだ「北朝鮮バッシング」が起きました。そして朝鮮学校に通う生徒たちへの嫌がらせ問題について愛知の川口創弁護士たち同期の弁護士が声を上げたことから、前の言葉が耳に残っていた私も、朝鮮学校との関わりを始めたのです。当時の活動は「在日コリアンの子どもたちへの嫌がらせを許さない若手弁護士の会」の活動として出版もしましたので（『となりのコリアン』在日コリアン研究会編・日本評論社）、お時間のある方はそちらをお読みください（宣伝）。

当時最初に訪問した朝鮮学校は埼玉で、その日のことは今でもよく覚えています。帰り際、放課後の校庭で数人、輪になってバレーボールをして遊んでいた生徒たちの様子を見ました。私はその様子を今でも思い出します。あの風景に、私は「朝鮮学校」に関わり続ける責任を感じ、その後も地味な活動を続け（朝鮮大学校で10年以上、ゼミを担当したりもしました）、20年たちました。

実は活動初期、在日朝鮮人問題に以前からかかわっていたある著名な方にこう言われたことがあります。「嫌がらせなんて大した問題じゃない」「大学受験資格問題の方が大きな問題だ」。私はそのようには思いませんでしたし、今もその気持ちは変わっていません。自分の子が通学中に危険な目にあったらどうしよう、大丈夫だろうか、という気持ち。本来ならば感じる必要のない日常生活でのそんな思いを「小さな問題だ」と切り捨てるような視点には、私は立つことができませんでした。私はその後、自覚的に、常に生活者の目線で、常に日常生活の目線で、と意識して、目立つ活動よりも平凡な活動を意識するようにしてきました。

最近、在日朝鮮人や朝鮮学校に関する活動の在り方について考えることがあります。権利獲得のための持続可能なそして民主的な運動・活動の本質は、上記のような点にあるのではないかということです。一人一人の思いや生活感を大事にすること。誰かをカリスマにするのではなく、小さな声を拾い集め、当事者を中心においてみんなで活動すること。いろいろな意見や声にできない気持ちや批判を大事にすること。無駄に思えることでも必要なことがあることを忘れないこと。子どもたちの権利を求める活動には、それが必要です。

私の弁護士人生は20年を超えました。これがちょうど、私の朝鮮学校との関わりの歴史と重なります。そこから学んだことは、人権問題や社会的活動の本質につながるもので、この出会いは弁護士としての、そして一人の人間としての自分の生き方を決めた、運命的な出会いであったと感じています。私を朝鮮学校との関わりや活動にとどめてきたのは、あの20年前の酒席での声であり、あの埼玉の校庭でのバレーボールの姿であり、この20年間で関わってきた人たち、朝鮮大学校のゼミで時間を共に過ごした生徒たち、そして個人名をあえて挙げるならば特に同期の金舜植弁護士や人権協会の金東鶴さんたちとの、信頼関係に基づいた、人間としての交流の思い出です。結局最後は人が人とつながることで、社会は少しずつ変わっていくのだと思います。

朝鮮学校裁判に関わって

伊藤《いとう》朝日《あさひ》太郎《たろう》（弁護士）

私は滋賀県で日本人の両親のもとに生まれ育ちました。その私がなぜ朝鮮学校差別の問題にかかわるようになったのか。それは、丹波マンガン記念館の創設者、李貞鎬さんとの出会いのおかげです。私は京都の私立中学校に通ったのですが、課外学習で丹波マンガン記念館を訪ね、李貞鎬さんと出会ったのでした。

丹波マンガン記念館は、１９８９年に李貞鎬さんが閉山後のマンガン鉱山を使い個人の創意工夫で作り上げた博物館です。朝鮮半島から日本に渡り過酷な鉱山労働に従事し、閉山後も職業病のじん肺に苦しみ亡くなっていった朝鮮人労働者の歴史を伝えるとともに、マンガンという鉱物についての展示も充実し、科学好きの少年少女をも引き付ける魅力的な場所でした。

李貞鎬さんは、自らも若いころから鉱山労働に従事し、私が出会ったときにはすでにじん肺を発症し、吸入器を手放せない状態でした。私は、過酷な半生を送り、それでいて底抜けに明るく野心的なお話をされる李さんに魅せられ、李さんのそれまでの歩みを伺うため、李さんのもとに通っていました。はた迷惑な話ですが、入院中の病院までお邪魔したこともあります。

最も印象に残ったのが、戦時中の話。李さんの小学生時代は小学校が「国民学校」と改称された戦時体制まっただ中のこと。歴史の授業で神功皇后の朝鮮征伐が出てきたため、同級生に「朝鮮征伐やー」といじめられたといいます。でも李さんは「それでも自分は日本のために死ななければならないと思っていた」とおっしゃいました。衝撃的な言葉でした。

私が出会ってわずか2年で李さんは亡くなられました。実は私は中学生の無鉄砲さ（「中2病」？）で「李さんから伺ったお話を本にまとめる」と豪語していました。しかし、それができないまま李さんが世を去られたのがあまりに申し訳なく、いつか李さんの無念に答える仕事がしたいと思っていました。

その思いをくすぶらせたまま15年もの月日が経ち、ようやく司法試験に受かり、京都での司法修習中に京都朝鮮第一初級学校の襲撃事件に遭遇しました。弁護士となった自分が、朝鮮学校差別を無視して通り過ぎるわけにはいかない。その思いで、2009年の12月の弁護士登録直後に愛知弁護団に入りました（その後2013年に東京に引っ越したことを機に、東京弁護団に入りました）。

私は無償化裁判に関わるまで、朝鮮学校に立ち入ったことすらなく、生徒や保護者の方々との交流もありませんでした。朝鮮学校がなぜ誕生し、現在まで存続しているのか、この裁判に関わって初めて知ることができました。弁護団に入ったのちの朝鮮学校関係者、特にオモニの皆さんとの交流は私にとってはかけがえのない財産です。

申し訳ないと思っていることがもう1つあります。それは、朝鮮学校の生徒たちへの課外授業で、「この裁判は本来負けるはずがない。必ず勝てる」と断言してしまったことです。朝鮮学校の無償化からの除外は政治的理由に基づくものであり、差別であることは明らかだと今でも確信しています。実際に、複数の国際人権条約実施機関から繰り返し「差別である」と認定されてきました。しかし、負けた。弁護士が勝てると言ってもあてにならない、日本の法律はあてにならない、と若者たちを失望させてしまったことは痛恨の思いです。

しかし、「必ず勝てる」と言ってしまったこと自体を後悔しているわけではありません。国際社会では勝っている。大阪地裁判決も明快な論理で無償化からの除外は違法だと認定しました。最高裁で敗訴しても、無償化裁判を経て、朝鮮学校を支援する日本の運動もまた育ってきました。「必ず勝つ」事件で私たちを敗訴させた裁判所の判断こそ誤りであることを堂々と論証し、必ずや朝鮮学校除外を改めさせるべく、くじけず取り組む決意を新たにしています。

朝鮮学校の子どもたちへの差別をなくしたい

師岡康子《もろおかやすこ》（弁護士）

朝鮮学校への差別の問題に取り組むようになったきっかけは、2002年9月の日朝首脳会談以降の朝鮮バッシングでした。それ以前から日朝関係の悪化の度にチマチョゴリ切り裂き事件などもありましたが、日本社会においてそれまでは朝鮮人が植民地支配の被害者であり、日本が悪いことをしたとの建前だったのに、このときから朝鮮人が加害者で日本人は被害者と逆転し、朝鮮人には何をしてもいいんだとの雰囲気が醸成されてしまいました。朝鮮学校の子どもたちが各地でヘイトスピーチ、ヘイトクライムを受けていると聞き、もとより植民地支配の結果として日本に生まれ育つことを余儀なくされ、在留資格、教育、就職など日常的に差別され苦しんでいるのに、さらに言動や暴力で傷つけるとは。それも、より弱い立場の子ども、女子生徒を狙うとは絶対に許せないと血が逆流するような激しい怒りを感じました。

いてもたってもいられず、この状況を何とかしなければと思い、当時私は東京弁護士会の両性の平等委員会の委員長をしていたので、弁護士会として取り組みはじめました。また、2003年には大学入学受験資格の問題で、外国人学校のうち、インターナショナルスクールだけに認めるという問題があり、

「外国人学校・民族学校の問題を考える弁護士有志の会」を作りました（新美隆・丹羽雅雄共同代表）。

2003年秋には枝川朝鮮学校に対する東京都による立退問題が起こり、弁護団として取り組み、2007年3月には勝訴的和解を勝ち取ることができました。

2004年には日弁連人権擁護大会シンポジウムのテーマとして、外国人・民族的マイノリティの人権問題が取り上げられ、私は差別問題を担当しました。そこで、日本は国際人権諸条約の締約国として差別禁止法を制定する法的義務があり、ほとんどの国はすでに差別禁止法を整備していることを知りました。公的に差別があることを認め、公的機関に差別をなくす責任を負わせることにより、差別と闘い、被害者が救済される、差別のない社会を作るための有効な武器となることと考えました。そこで日本でも人種差別撤廃条約をテコに、差別禁止法をつくりたい、朝鮮学校の子どもたちへの攻撃を止めるために、作らなければならないと考えました。

シンポジウムの後、2005年12月に、実際に外国人及び民族的マイノリティの人権を保障し、差別を撤廃する法制度を実現するために、「外国人人権法連絡会」を結成しました（渡辺英俊、田中宏、丹羽雅雄共同代表）。

私自身は差別禁止法について本格的に学ぶために、2007年秋からアメリカとイギリスの大学院へ留学しました。留学中の2009年12月に、京都朝鮮学校襲撃事件が起こり衝撃を受けました。また、2010年4月施行の高校無償化法から朝鮮学校が適用排除される問題が生じました。2011年2月に戻ってきて、最初に参加したデモは、高校無償化への適用を求めるもので、無償化弁護団にも参加しました。

人種差別撤廃法制定にも取り組み、2016年には日本ではじめての反人種差別法といえるヘイトスピーチ解消法、2019年には日本ではじめて差別を犯罪とする「川崎市差別のない人権尊重のまちづくり条例」の制定に寄与することができたのはうれしかったです。

しかし、高校無償化裁判では勝訴を勝ち取ることができず、国の朝鮮学校差別政策を是正できていません。未だヘイトスピーチ、ヘイトクライムをはじめとする人種差別をなくす政策も、その根拠法制度も作れていません。

20年前に取り組み始めた問題の解決はまだ道半ばです。マジョリティとして、大人として、一刻も早く、朝鮮学校の子どもたちが民族衣装の制服を着て学校に通い、街中で朝鮮語を話しても、誰かに差別されたり攻撃されたりする恐れがない社会を築く責任を果たしたいです。

元官僚として

民主党政権はなぜ朝鮮高校を無償化できなかったのか

前川《まえかわ》喜《き》平《へい》（現代教育行政研究会代表、元文部科学事務次官）

２００９年９月に政権を奪取した民主党政権は高校無償化に乗り出した。私は当時文部科学省の初等中等教育局担当審議官で、高校無償化の制度設計の責任者だった。野党時代の民主党が作成した高校無償化法案では朝鮮高校も無償化の対象になっていた。だから、文部科学省においても当然朝鮮高校を対象に入れる前提で制度設計を行った。ところが、実際には紆余曲折の中で迷走を強いられたのだった。

民主党という政党には色々な政治的立場の者が集まっており、朝鮮学校に理解を示さない者もいた。特に鳩山由紀夫内閣で国家公安委員長兼拉致問題担当大臣になった中井洽は朝鮮高校を無償化の対象にすることに強硬に反対していた。

高校無償化法案は2010年1月に国会に提出され2010年3月に成立、4月に施行されたが、朝鮮高校など外国人学校やインターナショナルスクールは1年遅れで指定されることになった。朝鮮高校に適用された条項は、高校無償化法の施行規則（文部科学省令）1条1項2号ハ「文部科学大臣が定めるところにより、高等学校の課程に類する課程を置くものと認められるものとして、文部科学大臣が指定」という条文だった。

私はこの条項に基づく個別審査のための手続きと審査基準を作成し、審査会設置の準備を行ったが、この個別審査を行えば朝鮮高校は当然無償化の対象になると確信していた。だから、審査会の委員を委嘱する際には「朝鮮高校を無償化の対象にする決定に加わることになると思いますが大丈夫ですね」と念を押し、了解してくれた人だけを委嘱した。

朝鮮高校の生徒さんたちから署名を受け取ったのは、こうした準備作業をしていた2010年7月のことだ。私は生徒さんたちに「待たせてしまって申し訳ない」と謝った。2010年度からの無償化開始に朝鮮高校を入れられなかったことを謝ったのだ。その時の私は2011年度からは朝鮮高校にも無償化が適用されるはずだと思っていた。

2010年10月には京都、大阪、神戸の朝鮮高校を訪問した。私は総括審議官というポストに異動していたが、無償化の適用が決定される前に現場を知っておく必要があると思ったのだ。どの学校も温かく歓迎してくれた。

ところが、２０１０年11月に起きた延坪島砲撃事件で歯車が狂いだした。この事件を口実に菅直人首相が朝鮮高校無償化への審査の凍結を指示したのだ。これは中井洽ら民主党政権内の朝鮮高校無償化反対派の巻き返しによるものだろう。２０１１年度からの無償化適用は見送らざるを得なかった。

２０１１年９月に菅首相が退任直前に審査再開を指示したが、こちらは朝鮮高校無償化推進派の巻き返しによるものだろう。その後審査会での審査が行われたのだが、そのペースは鈍かった。私はそのころ大臣官房長になっていたが、今にして思えば当時の初等中等教育局が審査をわざと遅らせるサボタージュをしていたのではないかと疑われる。そのころ民主党政権の支持率は低下し、次の総選挙後は自民党が政権に戻ることが誰の目にも明らかになってきていたからだ。結局２０１２年度からの無償化適用もできなかった。

２０１２年10月には田中眞紀子氏が文部科学大臣に就任した。田中大臣は朝鮮高校の指定に積極的で「こんな不公平は許せない」と発言されたのを覚えている。田中大臣は朝鮮高校無償化への最後のチャンスだったと言える。

しかし残念なことに２０１２年12月に政権交代が起き、第２次安倍政権で下村博文文部科学大臣が就任。ただちに個別審査の根拠規定を削除し、朝鮮高校を指定しない方針を表明した。私は大臣官房長だったので決して口に出しては言えなかったが、心底悔しい思いをした。

今は何とかもう一度政権交代が実現し、今度こそ朝鮮高校に無償化が適用されることを念願している。

【編集部】以下に資料として、前川喜平さんが２０１７年、東京高裁はじめ全国五か所の裁判所に提出した陳述書を掲載する。

陳述書　（2017年11月27日）

第1　身上・経歴

私は1979（昭和54）年に、当時の文部省に入省しました。2017（平成29）年1月に文部科学省を辞するまでの経歴は別紙のとおりです。

私は、民主党が政権与党になった2009（平成21）年当時、文部科学省大臣官房審議官（初等中等教育局担当）をしておりましたので、無償化法の制定、施行段階、検討会議が数回開かれるまでの時期に、直接に担当をしておりました。また、2010（平成22）年7月に大臣官房総括審議官になった後も、京都、大阪、神戸の朝鮮高校の視察に行きましたし、各局の事務を調整する立場から、就学支援金に関する報告を受ける立場にありました。

第2　無償化法制定の背景について

無償化法の基礎となったのは、野党であった民主党が2009（平成21）年4月に提出した、「国公立の高等学校における教育の実質的無償化の推進及び私立の高等学校等における教育に係る負担の軽減のための高等学校等就学支援金の支給等に関する法律案（高校無償化法案）」です。この法案の作成は、後に鳩山内閣、菅内閣において文科副大臣を務めた鈴木寛参議院議員らが中心となっていました。

この法案の段階から、「何人にも学習権を保障する」との観点が強調されており、朝鮮高校を含む外国人学校が支給対象となることが既に想定されていました。

この法案自体は、2009（平成21）年7月の衆議院の解散により審議未了のまま廃案となりましたが、その背景や考え方は、民主党政権下で制定された無償化法にもそのまま引き継がれていると認識しております。なお、前者は市町村長から保護者に対して就学支援金を直接支給するという方式を採用していましたが、後者では教育施設等が都道府県知事から就学支援金を「代理受領」して、その後授業料債権と相殺するという方式が採用された点が異なります。

第3　無償化法の制定過程

1　無償化法制定過程において、朝鮮高校への適用が前提とされていたこと

朝鮮高校が指定の対象になるということは、制定段階においても関係者の共通認識でした。

私は、無償化法が国会で議論されていた2010（平成22）年3月当時、初等中等教育局の担当審議官でした。初等中等教育局担当の審議官は2名おり、その2名で局

内に10個ほどあった課を分担して担当するのですが、無償化法を所管する高校修学支援室が含まれる財務課は、私の担当でした。ですので、私は、高校無償化法については、実質的な責任者としての地位にありました。

そのように実質的な責任者の地位にありましたから、立法段階での文部科学省内での議論は全て把握していますが、当時文部科学省内には、朝鮮学校を対象として指定しないとする議論は存在しませんでした。

無償化法の趣旨は、高等学校の教育費について我が国の社会全体で支えることにあり、日本社会を構成するものについては国籍や在籍する学校を問わず対象とすることは、法案作成段階から共有されていました。

朝鮮高校は、既に在日3世、4世という世代が中心になっており、まさに日本で生まれ育った子どもたちが通っています。また、日本の大学にも多くの学生が進学しているという実績があり、朝鮮高校に通う子どもたちは日本社会の一員として生活し、この社会をともに支えていくために、朝鮮高校で学んでいると言えます。

したがって、朝鮮高校が指定の対象になることは、文部科学省内では当然と考えられていました。

他方、ドイツ人学校、フランス人学校といった外国人学校に通う生徒たちの多くは、日本への居住は一時的にすぎず、これらの外国人学校では日本社会の一員を育てるという側面はあまり大きくありません。それでも、朝鮮高校と同じく外国人学校であるため、朝鮮高校を対象にすることとの均衡を図る必要があり、就学支援金の支給対象としたという経緯があります。

仮に朝鮮学校が対象とならないのであれば、ドイツ人学校やフランス人学校などが対象となることもなかったと思います。ドイツ人学校などと比べれば、朝鮮学校の方が遙かに日本社会に溶け込んでおり、日本の高等学校と同等レベルの教育を行っているということが文部科学省内では常識でした。

2 「高等学校の課程に類する課程」について

外国人学校が就学支援金の支給対象校として指定されるためには「高等学校の課程に類する課程を置く」という要件を充たす必要があるとされました。

この点、法が「類する」という文言を採用したことには重大な意義があります。「類する」という文言については、「準ずる」などとしてもっと該当する学校の幅を狭くするということも考えられますが、中学校卒業程度の学力を前提とした教育課程を置いている学校がなるべく広く該当するようにという趣旨で、「類する」という用語が採用されたと認識しています。当初、対象として想定されていた各種学校は外国人学校だけでしたが、その後、2014(平成26)年の制度改正により、各種学校のうち国家資格者養成課程に指定されている学校(例えば、理容師養成施設など)も就学支援金の対象とされています。したがって、大学入学資格が得られない学校もたくさん対象になっています。

このように、対象を広げる議論こそすれ、狭める方向での議論はなされませんでした。

3　朝鮮高校を対象から外すという議論が立法段階でなされていないこと

就学支援金制度を立ち上げるにあたり、予算編成の根拠とした人数には朝鮮高校に通う生徒も含まれていたことからも明らかなように、朝鮮学校を排除するという立場での問題の検討、議論は一切ありませんでした。

朝鮮高校が朝鮮総聯や北朝鮮と一定のつながりがあることは、その設立経緯から明らかであって、当然立法サイドも認識していましたが、それは民族教育を行う以上当然であること、あるいは私立学校の建学理念や運営主体が多様であることの範疇にとどまるということが、当然の前提として共有されていました。

第4　検討会議設置への関与

2010（平成22）5月26日、「高等学校等就学支援金の支給に関する検討会議」が設置され、第一回会議が開かれました。

私は、この会議の設置に際し、教育に関する専門的知見を持つ方々に、委員への就任をお声掛けし、その承諾を得るという役割を担いました。先ほどもお話ししたとおり、この当時私は初等中等教育局担当の審議官であり、この問題の事実上の責任者の地位にありましたので、候補者に私自身が直接面談してお声掛けをしました。委員の氏名は非公開とされているため、申し上げることはできませんが、最終的には、数名の方から承諾をいただき、検討会議を構成するに至りました。教育行政の専門家や、法律の専門家など有識者の方々でした。

委員の候補者に声を掛ける段階で、私は、この検討会議では外国人学校の指定のための基準作りを議論することになるが、審査の対象としては主に朝鮮高校が想定されること、文部科学省としては朝鮮高校を就学支援金の対象とすることを前提に考えていることなどを率直に説明していました。これらの点を説明した結果、否定的な感触を示されたので、委員就任に至らなかった方もいらっしゃったと記憶しています。最終的に確定した検討会議のメンバーは、このような方針を認識したうえで委員就任を承諾していただいた方ばかりですので、朝鮮高校を指定の対象とすることについて、積極的な反対を表明されている委員はいませんでした。

なお、検討会議のメンバーは全員が、その後に発足した「審査会」の委員に横滑りしました。

第5　検討会議での議論状況

1　検討会議で共有されていた認識について

第一回の検討会議の際には、当時の鈴木寛文部科学副大臣より、外国人学校の指定について、外交上の配慮などにより判断すべきものではなく、教育上の観点から客観的に判断すべきものであるということが法案審議の過程で政府統一見解として示されていることが説明され、改めて構成員の認識として共有されることになりました。

私は、2012（平成24）年7月までは担当審議官の地位にありましたので、検討会議にも実際に出席して、議論状況を直接見聞きしました。

なお、私は、2010（平成22）年8月19日に開催された第5回検討会議に報告されたとおり、同年7月8日は京都の、同年7月9日には大阪及び神戸の朝鮮高校を訪問しました。この第5回検討会議には、私自身も出席して、訪問に同行した立場から報告をしたと記憶しています。

実際の訪問時には、各学校で実際の授業を参観させてもらった後、先生方から、学校運営の実体についてヒヤリングを行いました。このとき訪問した3つの学校は、それぞれ学校の規模や財政状況も異なりました。大阪の朝鮮高校は校舎も非常にしっかりしていた印象があります。大阪もそうですが、京都や神戸の学校も、卒業生や同胞の方々の支援を受けながら、立派に学校運営をされているという印象を持ちました。

記憶に残っていることとしては、日本語の授業を参観したときに、古典をしっかり教えており、生徒らがその場で和歌をつくる授業をしていたことです。自民族の言葉や歴史だけでなく、日本学校で行われている授業内容も参照しながら工夫をして教えている様子がうかがわれました。また、校舎内に貼られていた朝鮮語の張り紙の内容について質問したときには、「これは、日本語のくだけた表現を朝鮮語でどのように表現するかを書いた張り紙です。」と教えてもらいました。朝鮮学校の生徒たちの母語は日本語であり、朝鮮語をいわば第二言語として習得していることから、口語表現の習得に努力している様子がよくわかりました。

朝鮮学校を3カ所みてまわって、いずれの朝鮮学校においても、日本での生活実態にあわせて、日本の「高等学校の課程に類する」教育が行われているということを改めて強く感じました。

2　本件規程13条の趣旨

検討会議は合計5回開催された会議を経て、2010（平成22）年8月30日、「高等学校の課程に類する課程を置く外国人学校の指定に関する基準等について（報告）」（以下、「検討会議報告」といいます。）をとりまとめ、公表しました。その後実際に制定された「公立高等学校に係る授業料の不徴収及び高等学校等就学支援金の支給に関する法律施行規則第1条第1項第2号ハの規定に基づく指定に関する規程（平成22年11月5日文部科学大臣決定）（以下、「本件規程」といいます。）は、検討会議報告をふまえて作成されたものでした。さきほどご説明したとおり、私は、検討会議の議論を直接見聞きする立場にありましたので、外国人学校指定のための要件をどのように定めるかについて検討会議でなされていた議論はよく知っています。

なお、担当審議官を離れた後も随時報告を受けていましたので、実際に制定された本件規程の趣旨についても正確に理解しています。

本件規程の13条に、「指定教育施設は、高等学校等就学支援金の授業料に係る債権の弁済への確実な充当など法令に基づく学校の運営を適正に行わなければならない」という規定があります。

この規定が置かれた趣旨として、私が理解しているのは、「代理受領」という制度になった関係上、学校に支払われた就学支援金が間違いなく生徒の授業料債権と相殺されることを担保して、生徒の授業料負担が現実に軽減されるようにするという点にありました。

また、検討会議では、その他の法令違反がないことも要件の一種として議論されていましたが、私が知る限り、検討会議で「適正な学校の運営」に関して議論されていたのは、就学支援金の管理に関係する問題や情報公開と経理の透明化の問題に限られ、実際に参照された関係法令も学校教育法や私立学校法の規定だけでした。検討会議の中で、教育基本法の条項への抵触が問題とされたことは一度もありませんでした。

仮に、検討会議の段階で、「不当な支配」の有無など教育基本法違反についても審査するという議論がなされていたのであれば、検討会議の議事や、実際の規程の文言に、教育基本法についての言及があったはずです。本件規程13条では、「法令に基づく学校の運営」の前に、例示として「就学支援金の授業料に係る債権の弁済への確実な充当」が掲げられています。例示というのは通常、典型例として想定されるケースを掲げるものですが、仮に教育基本法の問題が議論されていたのであれば、高位の法である教育基本法が例示にも掲げられていたと思います。

第6　審査会での議論状況

2011（平成23）年7月1日に設置された「高等学校等就学支援金の支給に関する審査会」（以下、「審査会」といいます。）では、規則ハ号に基づく指定および留意事項に関する議論をしておりました。このような審査会ないし審議会を設置することは、教育行政全般においてよく見受けられます。その趣旨は、専門家の合議体による、専門的かつ公正中立な判断をすることにありますから、設置した以上はその意見を聞き、十分に尊重して処分を行うことが通常です。

審査会の会議次第、議事要旨、配付資料をみますと、2012（平成24）年3月26日に開催された第6回の審査会において、「審査基準のうち、裁量の余地のない外形的な基準（教員数、校地・校舎の面積等）については、全校が基準を満たしている。」、「報道内容のうち、①審査基準（法令に基づく学校の運営）に抵触しうる事項、②審査申請内容の重大な虚偽となりうる事項については、指定の可否に関わることから確認を行ったが、重大な法令違反に該当する事実は確認できていない」と記された「高校無償化に係る朝鮮高級学校の審査状況（概要）」と題する資料が配付されており、同日の審査会ではさらに「朝鮮高級学校への留意事項（素案）」が議論されています。また、２０１２（平成24）年9月10日に開催された第7回の審査会においても、引き続き「朝鮮高級学校への留意事項（素案）」が議論されています。

　文部科学行政においては、審査会、審議会など専門家らによる第三者機関の議論を経て認可、認定、指定等の行政処分を行うことが頻繁に行われますが、一般に、「留意事項」とは、審査会、審議会等の会議体が組織として、認可等の行政処分を「可」とする旨の最終判断を行う際に補足的に付すものです。「留意事項」の案が議論されているということは、その会議の議論が最終段階に至っており、かつ、組織として審議事項について肯定的な結論を出すことが前提となっていることを示すということができます。審議事項について結論が出る見込みが立っていない段階で、先行して「留意事項」だけを議論するということは、少なくとも私の経験上は考えられません。

　実際の審査会において「朝鮮高級学校への留意事項」が議論されていたということは、審査会の議論が最終段階に達しており、かつ、朝鮮高級学校を就学支援金の対象として指定することを前提に議論が進んでいたということを明確に示すものです。

　なお、審査の過程で初等中等局財務課修学支援室長をしていたのが和田勝行氏で、就学支援金問題の実質的な担当者ですので、当時の省内の事情を詳細に把握していると思われます。

　東京訴訟において、望月禎氏が、審査の継続中、高校教育改革プロジェクトチーム内において、規則ハ号を削除することを内容とする省令改正の準備を進めていたと証言していると聞いています。私は局担当の審議官をしていた当時、高校教育改革プロジェクトチームでは望月氏の上司にあたりました。また、総括審議官になってからも、さらにはその後官房長になってからも、当該チームからの報告は受けていませんでした。私の記憶では、いずれの段階でも、ハ号を削除する議論はしておりません。

　さきほどご説明したとおり、「審査会」のメンバーは、その全員が、検討会議のメンバーが横滑りして就任された方々です。つまり、審査会のメンバーは、本件規程の元となった検討会議報告を作成公表したメンバーです。自らの議論の結果作成された基準を否定するような議論を、審査会のメンバーがしていたはずはありません。

少なくとも民主党政権時代には、規則ハ号を削除する必要があるということを、組織内で公に議論していたということはありえないと断言できます。民主党政権の末期である２０１２（平成24）年10月には、田中真紀子氏が文部科学大臣に就任しました。報道等でも指摘されていたとおり、田中大臣は、朝鮮高校を就学支援金の対象として指定することに前向きでした。結果として、新設大学の不認可問題などを巡って省内が混乱したため、朝鮮高校の指定は実現されませんでしたが、指定に前向きだった田中大臣のもとで、事務方が、指定のための根拠規定である規則ハ号を削除する準備をすることはできなかったはずです。

第7　不指定処分の過程について

２０１２（平成24）年11月16日に衆議院が解散され、12月16日に総選挙が行われました。私は、解散・総選挙の当時大臣官房長の立場にあり、省内の事務的な手続きの取りまとめをしていました。

衆議院が解散された時点で、自民党が政権に復帰することは必至の状況でしたが、私は、自民党政権になれば、朝鮮学校が就学支援金の対象から除外されるという結果になるだろうと想像していました。自民党は野党時代から、朝鮮学校指定のための根拠規定である規則ハ号を削除する法案を提出するなどしており、自民党政権になれば、それまでの審査会での議論とは無関係に、朝鮮学校を除外することは容易に想定できました。

不幸にも、私の想像通り、自民党政権発足直後に、下村文部科学大臣は、規則ハ号を削除する省令改正を指示し、朝鮮学校に対する不指定処分を行いました。審査が続いているのに、根拠規定を削除し、不指定にするということは通常ありえないことです。

このような省令改正とそれにともなう不指定処分は、無償化法が想定していた指定のための要件である「高等学校の課程に類する課程」を有するかどうかとは全く無関係になされたものであるといわざるをえないと思います。

政権交代により、朝鮮高校が不指定になったことについて、私は忸怩たる思いですが、後は司法の判断に期待するしかありません。

以上

（別紙）

１９７９（昭和54）年４月　文部省（当時）入省
２００４（平成16）年７月　初等中等教育局初等中等教育企画課長
２００７（平成19）年７月　大臣官房審議官（初等中等教育局担当）
２０１０（平成22）年７月　大臣官房総括審議官
２０１２（平成24）年１月　大臣官房長
２０１３（平成25）年７月　初等中等教育局長
２０１４（平成26）年７月　文部科学審議官
２０１６（平成28）年６月　文部科学事務次官
２０１７（平成29）年１月　辞職

取材者として

盾となる記事を書き続ける

石橋《いしば》学《しまなぶ》（神奈川新聞）

2022年9月27日、私は川崎朝鮮初級学校へ向かった。午後、日本武道館で安倍晋三元首相の「国葬」が行われることになっていた。

「私たちのリーダー」を「国民」を上げて弔おうなどという、それ自体が排外主義丸出しの茶番はふさわしい最期といえた。この日、記者として向き合うべきはだから、すさみきったこの社会で存在すら否定されている人たちの痛みだと私は考えた。歴代で最もあからさまに侵略の歴史を美化し、朝鮮敵視の政策をとり続け、その最初の仕事として無償化制度から朝鮮学校を排除したのが安倍政権であった。

京浜工業地帯のコンビナート群を臨む、在日コリアン集住地区の川崎市川崎区桜本。校門を出ていくマイクロバスとすれ違った。ちょこんと座った郭世周くんと目が合った。

やんちゃな盛り、駆けっこが大好きな1年生。「石橋さん、何しに来たの?」という顔を車窓越しに見送り、ほっとしている自分がいた。世周が通っている学校はね、教育とは全く関係のない拉致問題を理由に日本政府から排除され、自治体からの補助金も止められ、差別政策にお墨付きを得てヘイトスピーチやヘイトクライムをする大人がたくさんいてね……などという理不尽をまともに伝えられる自信がなかった。

あいさつもしどろもどろになっているとベテランのソンセンニム（先生）は察したように先回りしてくれた。

「みんなそろって下校するのは、ずっとそうですから」

いつもふらっと現れる記者への気遣いが有り難く、一方で改めて思わずにいられなかった。幾重にも説明のつかないことを私たちマジョリティーは一体いつまで続けるのか、と。

黙ってやり過ごせる私と違い、ソンセンニムはいつか子どもたちに差別の現実を伝えなければならないのだ。

もちろん教員だけではない。ヘイトスピーチの取材で会ったオモニは幼いきょうだいに「私たちのことをよく思わない人がいるから、外ででは『オモニ』と呼ぶのはやめようね」と言って聞かせたのだと打ち明けてくれた。朝鮮人であることを当たり前に受け止めてほしいと民族学校に送るわが子に、朝鮮人と知れると何をされるか分からないと教えるのにどれだけの痛苦があっただろう。日本人だという理由で娘が襲われはしまいかという心配をしないで済む私は、その隔絶をこそ思わねばならない。

世周と出会ったのは2018年春、姉の陽美の「たった一人の入学式」を取材したときのことだった。父の州治さんは最寄りでもある川崎駅前で続くヘイト街宣の現場に2人を連れて来たことが何度かあった。
「親として差別に抗う背中を見せたいし、一緒に声を上げてくれる日本人が大勢いることを知ってほしいから」
1年生だったころ、陽美はレイシストに抗議するカウンターのプラカードをまねて、ウリハッキョで習ったばかりの平仮名で書いた。

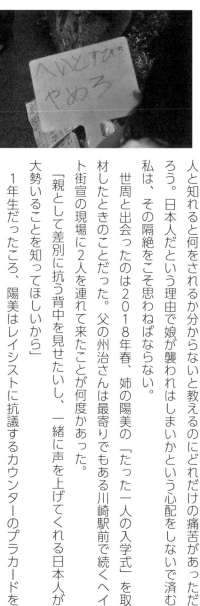

「へいとすぴちゃめろ」

あたりを明るく照らし、世界へ羽ばたいていってほしいと、ささやかで痛切な願いがその名に込められた陽美と世周——。差別をなくすその日まで、盾となる記事を書き続けるのだと、私が果たすべき責任をウリハッキョの子どもたちが教えてくれている。

枝川との出会いを原動力に朝鮮学校と向き合い続ける

後藤《ごとう》由耶《よしや》（毎日新聞）

私が初めて朝鮮学校に出会ったのは、２００３年12月のことだった。20年前のことになる。新聞を開くと東京都が東京・枝川にある東京朝鮮第２初級学校の土地の明け渡しなどを求めて提訴した、という記事が目に留まった。記事からは、朝鮮学校が不当に土地を占拠しているかのように読めた。朝鮮学校についてたいした知識はなかったが、違和感を抱いた。日本の敗戦後まもなくから始まった学校なのになぜ今になってこの訴訟なのか、その疑問に答える内容がなかったからだった。

当時はまだ新聞社に入る前だったが、ourplanet-TVという市民メディアに関わっていた。疑問点は自分で調べるしかない。学校に問い合わせると公開授業がすぐにあると聞き、早速向かった。疑問を解消するべく取材をしたいと考え、学校側に打診したが、取材を当初は受けてはくれなかった。

公開授業の際に校内でチャンゴの練習をしていたオモニ（生徒の母親）にあいさつをしていた。その午後、そのオモニが経営する枝川にある焼き肉店を訪れた。それをきっかけに、枝川を訪れては他の保護者を紹介してもらいながら話を聞いた。学校がどれだけ大切な存在なのかがひしひしと伝わってきた。

その後、保護者の方の仲介もあって学校内での取材も許されるようになった。そこから、当時の6年生が卒業するまでの数カ月、カメラを手に毎日のように「通学」することになった。

「アンニョンハシムニカ！」。学校では生徒たちが当たり前のように気持ちのよいあいさつをしてくれる。あちこちに雨漏りがある校舎だったが、子どもたちの笑顔と元気な声であふれていた。校庭での七輪を囲んでの焼き肉には驚いた。この取材で、在日コリアンがなぜ日本にいるかや朝鮮籍のこと、朝鮮学校の歴史、子どもたちは朝鮮学校で何を学び、保護者は何を願って子どもを朝鮮学校に通わせるのか――を知った。インタビューの約束に遅れてきたハルモニは、「朝鮮にいる息子と電話で話していた」と目を細める。恥ずかしながら、知らない事だらけだった。完成させたショートドキュメンタリー「ぼくらの学校なくなるの？」は各地で多くの人に観てもらえた。

新聞社に入ってからも、赴任先の滋賀、大阪、東京などで朝鮮学校に足を運んできた。あるとき、校長先生から電話が掛かってきた。「朝、学校に着いたら玄関周りのガラスが割られていた」。現場に駆けつけて取材し、出稿の準備に取りかかった。まもなく電話が掛かってきた。「二次加害が心配だからやはり記事を出さないでほしい」と。似たようなことは数度経験した。街頭やネット上ではヘイトスピーチが繰り広げられていた。その後、ヘイトスピーチ解消法や川崎の罰則付きの人権条例ができて一定の抑止効果があったが、被害は深刻化し、ヘイトクライムまでが度々起きる事態となっている。朝鮮学校は繰り返し標的にされ続けている。歴史的経緯を無視して提訴した都の主張は、その後に吹き荒れるヘイトスピーチと地続きだった。気づけばこの十数年、試行錯誤しながらこうした問題にこだわって報じてきた。

希望も見てきた。ヘイトデモの標的にされた川崎・桜本では、川崎朝鮮初級学校と地元の公立小学校の生徒が地域のハルモニ方からキムチ漬けを学ぶ合同授業が行われてきた。この社会に共に生きる者として互いを知り、尊重する実践が息づいていた。共に生きるという尊い希望を大切に育てようとする人たちは確実にいる。残念ながら「ぼくらの学校なくなるの?」という不安を抱かせたままの社会に変わりはない。だからこそ、報じなくてはいけないことが山積している。枝川での出会いと学びを原動力に、これからも向き合っていくつもりだ

金曜行動参加者による座談会

出席者：

長谷川和男《はせがわかずお》　1947年東京生まれ。「朝鮮学校『無償化』排除に反対する連絡会」共同代表。「阿佐ヶ谷朝鮮学校サランの会」代表。元小学校教員。

渡辺《わたなべ》マリ　1947年東京生まれ。2011年の東京電力福島第一原発事故に驚き、深く反省。介護職（ケアマネジャー）を辞め、たんぽぽ舎ボランティアとなる。

金性済《キムソンジェ》　1952年大阪生まれ。在日2・5世（父1世、母2世）。岡山、川崎、名古屋の在日大韓基督教会で牧師生活。2018年3月、日本キリスト教協議会（NCC）総幹事就任、現在に至る。

伊藤光隆《いとうみつたか》　1954年北海道生まれ。東京朝鮮第六幼初級学校を応援する「だいろく友の会」事務局長。元小学校教員。

姜義昭《カンウィソ》　1967年東京生まれ。在日3世。青年期、足立の在日朝鮮人の地域活動に参加。タクシードライバー。

聞き手：金東鶴《キムドンハク》（編集委員）

聞き手　本日は、お忙しい中、座談会にご参加くださりありがとうございます。

本座談会では朝鮮大学校生が2013年5月に始め、その後、その支援に参加した市民が繋げた金曜行動について常連参加者でもある5人の方々から金曜行動のことやそこで訴えてきた問題についてお話を聞くという形で進めることとさせていただきたいと思います。ではまずは皆さんが参加されたきっかけあたりから聞かせていただけますでしょうか？

長谷川和男　僕が金曜行動に参加したきっかけはあるオモニ（母親）会の方から、朝鮮大学校の学生らが「高校無償化」からの朝鮮学校排除撤回を文科省に訴えるべく金曜行動を始めている。オモニたちも学生を支援しようと参加している。無償化連絡会の方々にも是非参加してほしいと言われたことでした。それで参加したのが、たしか学生らが始めて3回目くらいですかね。毎週続けるということは日本の市民運動でも大変だということであまりないのですが、それを学生が続けて行っているのですね。そして、そこで学生たちがそれぞれの想いを訴えているのですよ。こりゃすごい、これは自分も続けて参加しなければと思い、今に至ってますね。また、学生らが例えば

「自分は山口の朝鮮学校で学び……」とか「北海道の朝鮮学校を出て」と、語るのを聞くにつけ、これは全国の朝鮮学校にも行ってみたいという気持ちになり、その後、朝鮮学校を巡る全国行脚をすることにもなりました。

姜義昭　２０１３年に入ったころでしょうか。自分はフェイスブックで、文科省前で朝鮮学校「高校無償化」排除反対を訴える集会があると知り、参加したところ、ハンドマイクでのアピールを頼まれた。そこには映画『ウルボ～泣き虫ボクシング部～』の監督も来ていたようで映画の一シーンに自分がアピールしているところが使われていました（笑）。その日の金曜行動の後、地域で在日朝鮮人の青年活動をしていた頃の先輩の焼肉屋で食事をしながら、金曜行動に参加した話をその先輩にしたところ、学生らを前にしたその発言には責任が伴うんだ。それを覚悟した上での発言ならそこに参加し続けるべきだよ、と言われました。青年運動を卒業してから長い間何も活動をしてこれなかったなあという負い目のような気持ちもあり、参加し続けようと思いました。今日で金曜行動は朝大生が始めたときから数えて４４３回目になりますが、そのうち自分は、４００回は参加していると思います。まさに今では息を吸うことと同じくらい（笑）自然に参加しているといった感じです。

渡辺マリ　私は、元々は朝鮮問題には全く関心なし。近くの経産省前での原発反対を訴える行動に参加しているのですが、それで文科省の近くを歩いていると歌声が聞こえてくる。歌に惹かれて、あなたたち何してるの？　と聞いたことがことのはじまり。音楽の力はすごい！　何で在日朝鮮人はいるの？　から始まった。知りだしたら日本はとんでもないことをしてしてきたか、そして、しているのかに気付く。私が金曜行動に参加したきっかけはこんな感じです（笑）。

金性済　私が参加したきっかけは直接的には旧知の仲の佐野通夫さんのお誘いがあったことだったと思います。それでなぜ参加しようと思ったかという深いところでは、私のバックグラウンドが関係していると思います。

それは子どもの頃の体験です。私は早くに父を亡くし、貧しい母子家庭で育ちました。そして本名は在日大韓基督教会に通う時のみソンジェ（性済）という本名で呼ばれましたが、普段は日本名で、日本人のふりをして育ちました。大阪で自分が小学生の頃、ある日、自分の住まいの近くにあった〝朝鮮部落〟に住むノブコが私の家の前で、大声で朝鮮の歌を唄うのです。私は顔ではニコニ

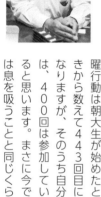

コしていながらも心はフリーズしていました。彼女が唄ったのは、私が韓国人であることを知っているからなのか。私は彼女の前で自分も同じ民族なんだということを彼女が唄いおわり立ち去るまで遂に明かすことはできませんでした。その時のノブコに対して抱いた罪責感の思い、惨めさが、今も自分の心から拭うことのできない記憶としてあります。

　そして、私は1983年から2017年末まで在日韓国教会の牧師として生きてきました。1996年に6年間の米国留学から戻り、川崎の在日韓国教会で牧師をすることになりました。2002年9月のことです。小泉首相と金正日総書記の会談があり（拉致問題が明らかになったことにより）、川崎にある朝鮮学校、またその近くにある川崎韓国教会の前までパトカーが常駐するという事態になりました。これは大変だということで当時、交流を続けていた日本基督教団神奈川教区との話し合いの中で私は、「今、朝鮮学校で大変なことが起きている。なんで朝鮮学校がこんなひどい目に合うのか。一緒に話を聞きに行きませんか」と提案しました。すると、皆「行きましょう」と賛成してくれたのです。そこで、一緒に川崎の朝鮮学校に訪問し、校長をはじめとする教職員と懇談会をすることになったんです。そして、校長先生方から話を聞いて、朝鮮学校の問題を、イデオロギーの問題として見るのではなく、日本政府に戦後徹底的に差別弾圧され、行政からの教育支援もない中、共和国が支援の手を差し伸べるという構図の中で、朝鮮学校が今日までやってきたんだ、と目から鱗が落ちるように私たち懇談会参加者は学んだんです。

　そんな交流をした後、川崎教会の学生たちが中心に行っている年末のクリスマス直後の野宿者への炊き出し支援活動に、川崎の朝鮮学校の子どもたちも、教会に来ている子どもたちと一緒に参加してみませんかと、私は校長に話してみたのです。そしたら、是非参加させてほしい、と校長先生は応えてくださり、5、6名の朝鮮学校女子生徒らが参加してくれることになりました。そしたら当日、NHKをはじめ多くのマスコミが炊き出し現場に集まってきたのです。私にインタビューをしに来たマスコミに「今日、カメラを向けるべきは、私じゃなくて朝鮮学校の校長先生ですよ」と校長先生にインタビューするよう促したのです。そしたらマイクを向けられた校長先生が「私たちの子どもたちは川崎の市民として一緒に街づくりをできる、誰もが差別されないで、一緒に平和に生きられる街づくりをできるよう育てていきたいと思って教育をしています」と話されたんです。そのことがとても私にとって忘れ難い思い出として印象に残っています。

また炊き出しに参加した朝鮮学校の女子生徒らが、炊き出し現場の公園に持ち込んだ、クリスマスにイエス・キリストの誕生を祝う意味で灯す4本のろうそく（アドベント・クランツ）の周りに炊き出し奉仕後、集まってきたのです。そのローソクの宗教的意味も知らない女子学生たちたちは寒いからと焚火のように暖を取るために囲んでいるのです。私はその姿を見た瞬間、幻を見ましたよ。キリストの前に子どもが集まり、キリストが、私があなたたちを守るんだと言われているような、何とも言えない熱い感動を心に覚えたのですよ。

２００４年から名古屋の在日韓国教会に転任したのですが、そこは大きな教会で韓国から来ている人も多くて、「高校無償化」問題が起こってもそれには無関心であったりとか距離を取ろうとしている人が多かったんですが、朝鮮学校出身の女性の弁護士を呼んで……。

聞き手　裵明玉《ベミョンオク》弁護士ですね。

金　そうです。彼女を呼んで講演会を開いたりもしました。

その後、なぜか日本人でもない私が、２０１７年、日本基督教協議会の総幹事になったのです。

そして２０１８年、南北対話モードの中、ＷＣＣというプロテスタントの教会の世界組織の中にある「朝鮮半島の和解と平和」委員会主催のジュネーブでの会議があったのですが、そこには（朝鮮民主主義人民）共和国の牧師も来ているのですね。そこで私は38度線の悲劇を一番身に帯びて苦しみを体験しているのは在日朝鮮人なのですよ、朝鮮半島の38度線だけが分断ではなくてその矛盾を差別として痛みを負っているのが在日朝鮮人なのですと訴えたのですね。そして、私のそういった訴えを聞き続けてくれていた韓国ＮＣＣ、ＹＭＣＡ、ＹＷＣＡが共催して２０２０年2月17日、ちょうどコロナが始まった頃ですが「朝鮮学校のことを学ぶシンポジウム」を開いてくれたのです。自分は在日コリアンとして朝鮮学校の抱える問題を世界に、韓国につないでいく、そんなことに日本人でない自分が日本基督教協議会の総幹事になった意味があったのかなあと思っています。

そうした新たな課題に取り組めるようになったのは、２０１８年より佐野先生からのお誘いを受けて文部科学省前での金曜スタンディングに参加するようになったからです。

伊藤光隆　「アイたちの学校」の映画会があって、そこで大田区でも何かやりたいねという話を友人としていたところ、長谷川さんから第6の公開授業企画の話が来たので、実行委に参加しました。それから、金曜行動にも参加するようになりましたね。

聞き手　それにしてもよく続いてきたものですね。

長谷川　今日（の金曜行動）も28人きたよ。

聞き手　この10年近くの間、朝大生によってはじまった金曜行動は、朝大生の多くが実家に帰省する夏休み等の間も繋いでいこうということで大人による「勝手に金曜行動」が動き出し、コロナ禍以降、この「勝手に」が金曜行動を継承し担っている形になっています。この間、いろいろなことがありましたが、特に印象に残っていることはありますか？

姜　この間、様々な人が入れ代わり、立ち代わり参加してこられました。そんな中でも私は、「座る人」という在日朝鮮人の青年が京都から来て、友達の所で寝泊りしながら1カ月半ほど毎日、文科省前に座りに来ていたのが印象的でした。それから、女子中学生が来たときも印象的でした。

長谷川　そう、あの世田谷の、雙葉女子の中学生だよ。それで「何でここにずっと立ってるのですか」と訊いたのですよ。そしたら「こんな差別あってはならないでしょう」といったことを言うのです。そしたら次の週も来たんですよ、それも抗議文をちゃんとしたためてさ。これを文科大臣に出したいんですけど、と言うのですよ。では金曜行動が終わってから一緒に出しに行きましょうと言って、出しに行ったんですよ。中学生が誰の指示もなしだよ。そこにたまたま通りかかって話を聞いてみたら、こんな差別はおかしいでしょと思って、文科大臣にこんな差別は何とかしてくださいという要請文を自分で書いて出したのですよ。これも忘れられないよね。

姜　韓国の支援団体が何度か来ましたがその時も、感動しましたね。

長谷川　右翼がきたこともあったね。ちょうど夏休み、神奈川朝高の女生徒が2人くらいだけで、もしかしたら男子生徒も一人ぐらいいたかなあ、ともかく2、3人の生徒が自主的に参加しているの。彼女たちを傷つけたくないなあと思い、ハンドマイクを握り続け滔々とアピールし続けたのを覚えています。

姜　右翼はもう一度来たことがありましたよね。その時は朝大生もたくさんいて男子生徒が前面に立って皆を守ろうとしている姿が頼もしかったですね。

聞き手　朝鮮学校への執拗な差別の背景についてどのようにお考えですか？

姜　私は朝鮮に対しては何をしてもいいというような空気になっているということを感じますね。

聞き手　その空気というのは対朝鮮敵視政策という戦後の日本政府の政策とも不可分ではありませんよね。それともう一つ、戦後日本においても連綿と続く同化政策という文脈からもとらえておく必要があるでしょうか？

金　それに関連して、私は坂中英徳という入管の法務官僚だった人のことを思い起こさずにはいられません。この人は1998年に在日朝鮮人をはじめとする在日外国人問題に取り組む人権活動家の前で「私の言ったとおりになったでしょう」と話したのですよ。

　その言った通りというのは何か？　それは、彼は1977年、これからの在日外国人政策について書いたのです。私たちは当時それを坂中論文と呼んでいました。そこで彼は在日朝鮮人には今後、三つの道があるというのです。その一つは祖国に帰国して行く道、もう一つが韓国、朝鮮籍を持ちながら日本に住み続ける道、そしてもう一つが帰化（日本国籍取得）をする道。坂中はその中で日本としては帰化してもらうのが一番いいというのです。祖国帰国はもうないと坂中は想定しました。一番厄介なのは韓国・朝鮮籍にとどまりアイデンティティを持ち続けるというのが私たちにとって頭が痛い、日本としては帰化して日本人になってもらうのがいい。そして、そのためには1965年に池上努（彼も執筆当時、法務官僚）が『法的地位200の質問』に書いたような「外国人は煮て食おうが焼いて食おうが自由」という発想ではこれからの日本はだめだ、と坂中は考えたのです。それでは朝鮮人は「なにくそ」と反発し、いつまでたっても日本社会に同化しようとしない、だから差別的な国ではないという姿勢でいかなければならない、としたのです。この坂中論文が法務省において最優秀論文として表彰されるのですよ。

　その後、日本は1979年国際条約批准、1981年難民条約加盟があり、その結果、（韓日条約に伴う法的地位協定によって設けられた）「協定永住」から排除されていた朝鮮籍の人にも「特例永住」があたえられるようになる。そして1991年には「特別永住資格」もできた。

　そして、1998年にその彼が言うのです。私のいう通りになった。指紋押捺も無くなった（1993年永住資格を持つ者には指紋制度が無くなった。外国人登録制度において全外国人に無くなるのは2000年）、永住資格もできた、ご覧なさい。毎年1万人ほどの勢いで帰化していくじゃないですか、と。さらに彼は言うのです、同化が嫌という人なら自分のアイデンティティを守るために朝鮮名で帰化してもいいですよと。ひとりで朝鮮名帰化が嫌ならみんな一緒に集団で本名で帰化したらどうですかというおまけまで付けて。

　そして坂中という人はもう一つ、重要なことをいう、いや釘をさすのです。当時運動として広がりつつあった地方参政権（の要求）については、それは駄目というのですね。世界は国民国家で成り立つ。国民国家体制の中では、国政であれ地方であれ、選挙権が欲しければ国籍を取ってくださいと、ねじ伏せたのですね。

渡辺　彼については日本の人口が減っていく中で、移民社会ＯＫとされている方という印象しか持っていませんでした。

金　坂中は自分の言ったとおり帰化者が増えたと言いました。私は、そのように主張する坂中に言いたいのです。「あなたはそれを言う前に戦後の在日朝鮮人の教育運動に対して日本が何をしてきたか、歴史の反省をしてみたことはありますか。法的にも、社会的にも在日朝鮮人に対してどれほどひどい差別政策が繰り広げられてきたか、一体あなたはどう認識していますか」と言いたい。また、日本は差別が無くなったから、日本が住みやすい国だから帰化者が増えたと言いますが、実際には、追い詰められて、追い詰められて日本名を名乗り、また最後にはもうこれ以上、民族のアイデンティティをこの国で守りながら生きることは難しいという諦念の思いから帰化するという現実がある。彼はその現実を何も語らないでおいて、さあ帰化したければ本名でもいいですよ、と言ってのける。

　今日の金曜行動で田中宏先生が植民地主義について話されていましたが、坂中の主張は一見モダナイズされていて、日本移民国家論を唱えているように見えますが、結局は植民地主義的、同化主義的な、かつてすべての朝鮮民族を皇国臣民化させていくという植民地主義的政策の延長線上にある思想性を脱却していない、と私は思います。

聞き手　イソップ童話の「北風と太陽」を思い出します。やり方はソフトだけど、民族という衣を剥がす目的に変わりはない。

金　そうです。在日朝鮮人が、現実として自分たちのくぐってきた歴史を誠実に継承することは、言い換えると、在日朝鮮人が歴史意識をもちながらこの日本で自分の存在理由を問い続けることとは、日本が戦前も戦後も朝鮮民族に対して何をしてきたかということを直視し、その意味を問い、その中にある不正義を訴えていくこととは表裏一体の問題なのですね。このような営みを教育施設として守り抜こうとすることは、結局、日本政府を動かす政治家、さらに日本会議のような団体にとっては極めて忌まわしく思えるのでしょう。なぜなら彼らは、自らの植民地主義を決して問わず、むしろ明治近代国家の栄光の復興を追求するイデオロギーに立脚する政治勢力であるからです。坂中がそこまで右傾的イデオロギーに立つ人ではないとしても、坂中と現在の日本の政治を動かす勢力の根底で一致する考え方があります。それは、同化してほしい、帰化してほしいのに、この日本社会の中で自分のアイデンティティを見失わず、さらに日本の戦前戦後の歴史責任を問い、民族差別の不正義について訴える存在。これはそのような政治勢力にとって、さらには坂中的移民国家論者にとっても頭の痛い存在とみなされてしまう。なぜなら彼らは、そのような在日朝鮮人という存在が問いかける問題に真実に耳を傾けて、植民地支配とその結果今日に至るまで引きずり続ける問題についての日本の歴史的責任を問い直すことこそが、日本が植民地主義をのりこえ、人権尊重と民主主義へと成長する歴史的突破口であることに、未だ気づけていないからです。こんな人間を作り出す教育施設を、脅威と考える人たちが日本の政治勢力の多数を占め、拉致問題を、「日本国民」を納得させる格好の口実として朝鮮学校無償化排除を断行する。こういう図式になってしまっていると思うのですね。

長谷川　なるほどねえ。

渡辺　自分を基準にしてしまっているかもしれないけど、日本人は知らない。なので私が関わるたんぽぽ舎の活動として在日朝鮮人はじめ朝鮮問題に関する知識を多くの人と共有していくための講演会等の企画をこの間、何度も開いてきました。

伊藤　私は教員になって障害児教育や被差別部落の解放教育に関心を持ってきました。ですから金曜行動では日本の学校現場の問題も取り上げ、朝鮮学校の問題とつなげて話したりもしています。そこには文科行政の在り方として通底する問題があると思っているからです。勿論「だいろく友の会」（東京都大田区にある朝鮮学校を応援する団体）の具体的な活動を報告するのが私の役目と思っているので、それをしながらですが。

長谷川　僕は先ほど言ったように金曜行動が契機になって全国各地の朝鮮学校を巡るという行脚をする中で、地方の多くの朝鮮学校関係者、そして支援者と会ってきました。その過程を通して私は地域ごとに朝鮮学校としっかり繋がり、この日本社会を地域から変えていくということの重要性を感じるようにもなりました。一方、金曜行動より先に火曜行動を始めていた大阪の方々や、金曜行動に連帯してソウルの日本大使館前で始まり現在390回を数えるに至った韓国の金曜行動に取り組む方々も文

科省前での私たちの金曜行動との連帯感を強く持っておられる。そんなことからも金曜行動の持つ象徴性、重要性というのがやはりあるのかなと思っています。私も田中宏先生のお歳である85歳まではあと10年あるのでまだまだ頑張らなければと思っています（笑）。

姜　続けなければいけない状況が長引くのも問題ですけどね（笑）。

聞き手　「高校無償化」裁判の結果が思わしくない中、「無償化」連絡会では、それまで当該地域での朝鮮学校支援組織がなかったところにも支援組織を作っていこうという話となりました。

長谷川　東京都下でも以前から多摩地区にあるウリの会や、阿佐ヶ谷の朝鮮学校（東京朝鮮第九初級学校）を支援するサランの会などに続き伊藤さんたちによる「だいろく友の会」が一昨年に、「東京朝鮮第四幼初中級学校を支援する会」が昨年に結成されました。第六では結成前に企画した公開授業と焼肉交流会に新聞記事を見て参加した方が今大活躍してますね。地域の公立図書館の学校対象の貸し出し制度を朝鮮学校にも適用させましたものね。

伊藤　最近では「だいろく友の会」の会議で様々なアイデアが提案され、事務局長の私もついていくのが精一杯っていう感じです（笑）。

聞き手　一昨年にさいたま市がマスクを朝鮮幼稚園には当初配布しなかった問題がありましたが、あの時は多くの抗議がさいたま市に殺到し、抗議が開始されてから2日後には同市が朝鮮幼稚園も支給対象に加えるということもありました。あの時はマスコミが好意的に報道してくれたというのもありますが、地域社会、市民社会はまだ捨てたものではないことを感じたものです。

長谷川　そういった地域の運動の結節点としての役割も文科省前の金曜行動は担っていると言えるんじゃないかと思っています。

聞き手　本日はお忙しい中、また、金曜行動でお疲れの中、ありがとうございました。

（２０２２年10月14日）

「金曜行動」での発言集

2010年から始まった「高校無償化制度」から朝鮮学校が排除されて、9年目になります。2013年5月から朝鮮大学生が発案して、毎週金曜日の4時から5時まで、文科省前で始まった抗議行動は、2018年12月28日、支援者による行動を含めて250回を数えました。毎回の行動では、学生たちが一人ひとり自分の言葉で、この理不尽な朝鮮学校差別を糾弾しています。その発言は聞いている私たちの心に突き刺さります。ぜひこの発言を多くの人に聞いてほしい、そしてこの発言にどう応えるのか、一人ひとりが考えてほしい。そう思って、学生の発言のほんの一部ですが、ここに掲載します。

Aさん　文科省の皆さん、僕は東京朝鮮中高級学校に通う学生です。ぼくたちは学校で勉強して部活して、日本学校の学生となんら変わらない学校生活を送っています。本来であれば、今も部活をしている時間です。しかし、ぼくたちは部活の時間をけずってここに来なければいけません。あなたたちの朝鮮学校に対する不当な差別によってです。あなたたちは、今から7年前に高校無償化という制度を設けました。最初はぼくも良い印象を受けました。しかし、あなたたちは朝鮮高校にのみ高校無償化を適用しませんでした。それから7年がたちましたが、今もまだ朝鮮高校に対する高校無償化は適用されていません。学校は教育の場です。そこに政治を持ち込み、学ぶ権利を奪おうとするのはやめてください。あなたたちがやっている行為は完全な差別です。そして僕たちに対するいじめです。いつまでいじめを続けるつもりですか。もういい加減やめてください。あなたたちがこれから先も差別をつづけるつもりでも、ぼくたちはあきらめません。そして必ず権利を勝ち取ってみせます。

Bさん　文科省の皆さん、学生の本分は何でしょう。勉学です。私はいまこの瞬間も学んでいます。なぜ、日本政府は門を固く閉じたままなのか。なぜ、道行く方々は未来ある世代の無念の叫びを無視して通り過ぎてしまうのか。ここを訪れるたびに考えています。その重い扉を開けて、誰か教えていただけませんか。私は高校無償化を適用すること以上に、文科省で働く方々の倫理観や道徳に基づく変化を求めています。互いに理解し合うことが正しいはずの世の中で、誰かが誰かを嫌悪し、排他することで争いが生まれ、互いに苦しむ。そんな矛盾をもうやめにしませんか。矛盾が矛盾を呼び、矛盾を守るために人はもっ

と苦しくなる。そんなことよりも世界の平和や発展といったロマンと希望に満ちあふれた話し合いをしましょう。そんな日が来るまで私はここで叫び続けます。

Cさん　僕はサッカーを通じて多くの日本人と友達になり、理解と協力を得ている。大人のあなた方は平気で差別をする。恥ずかしくないですか。日本は20年に東京五輪を迎えます。開催国が差別のある国でいいのでしょうか。差別をしているという事実を理解しているでしょうか。私たちがどう見えていますか。同じ人間に見えるでしょうか。差別するのは同じ人間に見えていないからじゃないですか。朝鮮学校に対する差別には日本政府による差別政策と日本社会による差別行為があります。政府の差別政策が社会の差別行為を扇動、助長しています。差別ができるのも歴史から目を背け、なぜ朝鮮人が存在しているかに無知だからではないですか。私たち朝鮮人が日本で民族教育を営む権利は、歴史的事実からむしろ進んで保障しなければならないのではないですか。

Dさん　文科省の皆さん、私たちの声はいつになれば届くのでしょうか。私の声を聞いてください。朝鮮学校が高校無償化から除外され、この8年間闘いながら、あなた方の行動や差別により、どれだけの同胞や学生が悲しさや口惜しさを胸に涙を流したのか、また闘っても闘っても一向に良くならない現実に対し、どれだけの人々が怒りを覚えたのか、あなた方はご存知ですか。そんな固く閉ざされたドアの中で、私たちの声を無視し続けるあなたたちには、わかるはずがありません。私もその中の一人として、口惜しさや怒りを胸に、今ここに立っています。けれど、私はこの8年間の闘いを通して得たものは、そんな口惜しさや悲しさだけでなく、感謝の気持ちです。誰に対する感謝か、それはたくさんの日本の方々への感謝です。暑い日も、寒い日も、共に闘い、たくさんの元気や勇気を与えてくれたからこそ、今このように私たちが存在し、これからも闘い続けられます。私は幼稚園からこれまで民族教育を受け、その過程で朝鮮人であることを誇りに思い、今ではそんな心を育ててくれた朝鮮学校を、私の力で守っていきたい、そんな決意で、教員になるため日々学んでいます。朝鮮学校に通う学生の民族の心を育てたい一心です。私たちがいる限り、朝鮮学校は守られ、闘い続けます。文科省の皆さん、私たちが今行っている闘いは、自分たちのためだけではなく、支えてくれるたくさんの方々や、またこれからの未来の後輩たちのためでもあります。あなたた

ちにも良心があるのであれば、直ちに朝鮮学校へ無償化を適用してください。それまで決して私たちはあきらめません。

Eさん　文科省の皆さん、僕は高校時代から引き続き、大学に入学してからも、ここへやってきました。私は高校3年間、特に去年の1年間の権利活動を通して、ウリハッキョに対する思いが強まりました。昨年、高校3年生が受験などで忙しい中、横浜駅の街頭で、1か月間毎日のように署名活動や街頭宣伝を行いました。活動する中で心無い言葉もたくさん受けましたが、それ以上にたくさんの理解ある方々から署名もいただきましたし、僕たちと話していて誤解が解けた、「間違っているのはあなたたちではない」という言葉もいただきました。そして何よりも、日本市民の方々も、ともに活動してくださり、1か月に約1万人もの方々の署名を集めることができました。

集めた署名は神奈川県庁に提出しました。私たちは県庁に、見ての通り多くの県民の方々が賛同してくれている、これが民意だということを、そして神奈川県で掲げているスローガンである「共生社会」をうたうなら、日本学校教育とは異なる朝鮮学校教育も認めるべきだ、差別は止めるべきだ、と伝えました。すると、「差別しているつもりはない、一日も早く補助金を支給したいと思っている。そのため朝鮮学校側に、早く今までとは別の教科書を編纂するように求めている」とのことでした。同じ民族である韓国学校などの民族学校には、無償化からの除外はせず、補助金も支給するということは、朝鮮学校の教育には日本において不都合なことがあるからという理由で、あなたたちは朝鮮学校だけに対して弾圧を続けるのですよね。しかし、私たちは絶対に負けません。

いずれにせよ、しかるべき日が来ます。その日まで、私たちは闘い続けます。日本政府は朝鮮学校に対して高校無償化制度を早急に適用せよ!

＊この項目で使用しているカット写真は発言者とは関連のないものです。

金曜行動のテーマソング「声よ集まれ、歌となれ」

申嘉美《シンカミ》（朝鮮学校「無償化」排除に反対する連絡会）

金曜行動のテーマソングといわれている歌「声よ集まれ、歌となれ」が発表されたのは、２０１３年3月31日。日比谷野音で行われた「朝鮮学校はずしにNO！ 3・31全国集会&パレード」のオープニングの場でした。集会場の外から、大音量で「朝鮮人は日本からでていけ！」という卑劣なコトバが聞こえてくる中、舞台に立った朝大生たちは、自分たちの思いを堂々と語り訴えました。

「自分自身の尊厳である名前や言葉や歴史を学ぶ唯一の場が排除されようとしています」

「朝鮮学校の高校無償化問題の当事者は、高校生だけではなく、在日朝鮮人全てが当事者です」

「私たちの存在が、声が消されようとしている。だからこそ私たちは声を上げ続けなければなりません」

「友が、仲間がいるから、強い気持ちを強い声で表せる。そう考えて、私たちの総意で歌を作りました」

歌を発表した集会から2ヶ月後の5月31日。朝大生たちは、文科省前で抗議行動を開始しました。

「自分たちが高校生の時に起きた問題が解決できていないことが後輩に申し訳ない」

「後輩たちの苦しむ姿をこれ以上だまって見ているわけにはいかない」

として、毎週金曜日の16時から17時に抗議行動を行うことを宣言したのです。その行動は「金曜行動」と呼ばれ、子どもたちだけにさせてはいられないと、保護者たち日本人支援者たちが駆けつけ、朝鮮学校の高校生、中学生までもが、授業やクラブの時間を削って参加することもありました。

朝大生による金曜行動の進行は、一人がマイクを持ち訴え、次に全体でスローガン、そして全体で「声よ集まれ、歌となれ」の一番を歌う、という繰り返しで行われました。そうして、「どれだけ叫べばいいのだろう……」で始まり「声を合わせよう、共に歌おう」で締めくくる歌詞は、文科省前に集まる人たちの心に浸透していき、いつしか、「金曜行動のうた」「金曜行動のテーマソング」といわれるようになりました。

声よ集まれ、歌となれ

소리여 모여라,노래여 오너라

作詞・作曲／朝大生合作 監修／李英哲

C G C F C D G
1. どれ だけさけ べば いいの―だろう うばわれつづ け た こえが ある
C G Am Em F C G C
きこ え るかい? きいてい―るかい? いか り がいま また こえ と なる ― 소
(ソ
F C G C C G F C
리여 모 여라 ― 노 래여 오 너라 こえ よ あつまれ うた と なれ
リヨ モヨラ ― ノ レヨオ ノラ)
C G Am Em F C G7 C
동 무 여모 여라 노 래부―르자 こえをあ わせ よう と も にう たおう
トン ム ヨモ ヨラ ノ レ プールジャ)

2. 聞こえないふりに傷ついて
かすれる叫びはあてどなく
それでも誰かと歌いたいんだ
一人の声では届かない(だから)
소리여 모여라 노래여 오너라
ふるえる声でも 歌となる
동무여 모여라 노래 부르자
声を合わせよう ともに歌おう

소리여 모여라 노래여 오너라
ただ当たり前に生きたいんだ
동무여 모여라 노래 부르자
ただ当たり前を歌いたいんだ

3. いますぐその足をどけてくれ
4・24(サイサ)の怒りがよみがえる
踏まれてもくりかえし立ち上がる
君といっしょならたたかえる
소리여 모여라 노래여 오너라
声よ歌となれ 響きわたれ
동무여 모여라 노래 부르자
声を合わせよう ともに歌おう

第5章　朝鮮学校問題の現在地

田《た》中《なか》宏《ひろし》（一橋大学名誉教授・朝鮮学校「無償化」排除に反対する連絡会共同代表）

1　「99年前、パリ講和会議で…」、3・1独立運動

日本の朝鮮学校問題は、優れて国際的問題である。2018年8月、ジュネーブの国連・人種差別撤廃員会の日本審査でも取り上げられた。その冒頭発言で、大鷹正人・国連担当大使は、こう述べた「99年前、パリ講和会議で、日本も積極的に参加する形で国際社会と人種差別との戦いが始まりました。(中略)我が国は、戦後70数年の間、一貫して、民主主義、自由、人権、法の支配といった基本的価値に重きを置き、国内外の人権状況の保護・改善のための努力を継続してきました。(中略)第二次世界大戦への反省を胸に、国連を始めとする国際社会及び市民社会と連携し、引き続きすべての人の人権の保護・促進に貢献していく決意を改めて表明します」と。主題の「現在地」を考える時、この大使発言に示された「長いスパン」を拝借したい。

1919年2月、日本の牧野伸顕代表は、パリ講和会議で、新しく発足する国際連盟の規約に、「人種差別撤廃」を盛り込むよう求めた。すなわち、「すべての国家の人民に対し、その人種および国籍に如何により、法律上または事実上、何らの区別を設くることなく、一切の点において均等公平の待遇を与うべきことを約す」と。多くの人口を抱える貧しい日本は、活路を海外移（住）民に求めたが、植民地の台湾・朝鮮では帝国日本の「威光」を背にできても、米国では黄色人種として差別冷遇に晒された。それが、日本政府をして国際社会に「人種差別撤廃」を発信せしめた背景である。しかし、残念ながら、それは功を奏さなかった。

同じ1919年の3月には、日本の植民地・朝鮮では、「3・1独立運動」が起き、朝鮮全土において、日本官憲による激しい弾圧が加えられた。東京帝大で「植民政策論」担当の矢内原忠雄は、「朝鮮統治の政治的性質は、日本官憲による直接の朝鮮民衆支配であり、その経済的性質は、日本資本による直接の

朝鮮生産者支配であるごとく、その社会的特色は日本語教育による朝鮮人同化政策である。…日本語教育によりて植民地人を日本人化し、これによりて植民地統治から異民族支配の特質を除去しようとするにあり…」と書く（同「朝鮮統治上の二、三の問題」国家学会雑誌52―1、1938・1）。

ここには、日本の植民地下におかれた朝鮮、そして朝鮮人が置かれた状況が、簡潔に述べられていよう。「植民地人を日本人化し…」との植民地主義と、戦後日本はどう向き合うか、そこに朝鮮学校問題の歴史的淵源があるといえよう。

2 「日本人同様、日本学校へ…」、「世界人権宣言」

1945年8月、日本は「ポツダム宣言」を受諾し、長い戦争と植民地支配の歴史は幕を閉じた。ポツダム宣言第8項には「カイロ宣言〔1943・11〕の条項は履行せらるべく…」とあり、両宣言は一体のものである。カイロ宣言には「台湾…を、中華民国に返還する、…三大国〔米・英・中〕は、朝鮮の人民の奴隷状態に留意し、やがて朝鮮を自由独立のものにする」とある。台湾領有の日清戦争以降の50年の歴史の清算を求められ、それを受諾したのが戦後日本の「出発点」である。もし、満州事変以降の15年戦争の終結とみれば、台湾も朝鮮も日本の統治下に残ることになる。そして、日本が受け入れた国際文書に「朝鮮の人民の奴隷状態に留意」とあることと、先の矢内原の指摘が重なるであろう。

日本は、約7年間、連合国（実質は米軍）の占領下におかれる。日本が他国を占領した時は「直接占領」だが、戦後日本のそれは「間接占領」で、政府も国会も裁判所も存続していた。しかし、明治憲法第一条の「大日本帝国は、万世一系の天皇、之を統治す」は、新憲法の第一条「天皇は、日本国の象徴であり日本国民統合の象徴であって、…」に改正された。教育に関連しては、天皇の「教育勅語」は廃止され、新憲法施行の1947年5月3日に合わせるように、同年4月1日、教育基本法、学校教育法が相次いで施行された。新しい学校制度は、47年4月から「6・3・3・4」制に移行し、小学校6年、中学校3年が「義務教育」とされた。

在日朝鮮人は、戦後各地に「寺子屋」のように「国語講習所」を設け、それが朝鮮学校へと発展していた。1948年4月には、小学校段階455校（8930人）、中学校段階7校（2416人）で、児童生徒総数は5万134人に達し、在日朝鮮人児童生徒の約50％を占めたという（朴三石『教育を受ける権利と朝鮮学校』日本評論社　2011）。

日本の新しい学校制度が動き出して間もない、1948年1月、重要な文部省通達「朝鮮人設立学校の取り扱いについて」（1948年1月24日、官学5号、学校教育局長より各都道府県知事あて）が出される。重要な部分は、「朝鮮人であっても、学齢に該当する者は、日本人同様、市町村立または私立の小学校又は中学校に就学させなければならない」という点。「就学義務」がキーワードで、在日朝鮮人は日本人同様、日本学校への「就学義務」を負う。なぜなら、その国籍は日本だからという理屈のようだ。

戦後における、在日朝鮮人処遇上の最初の「変化」は、参政権停止だった。1945年12月、婦人参政権付与を盛り込んだ衆議院議員選挙法が改正され、その附則で「戸籍法の適用を受けざる者の選挙権及び被選挙権は、当分の内これを停止す」とされた。次の変化は、1947年5月2日（新憲法施行の前日）公布・施行の「外国人登録令」（史上最後の勅令207）により、外国人登録が義務づけられたこと。そこには「台湾人および朝鮮人は、この勅令の適用については、当分の間、これを外国人とみなす」（第11条）とある。

「参政権なし」、「外国人登録義務あり」では、もはや「外国人」ではないかと思われるが、外登令には

奇妙な「外国人とみなす」という文言がある。日本人だが「外国人とみなす?」という。しかし、「就学義務」に関しては、日本人だから「日本学校」に行く「義務」があり、朝鮮学校は認めないというのである。三者は相矛盾しており、そこには「整合性」などない。要するに、日本政府に都合のいいように使い分けたに過ぎないのである。「日本学校への就学義務あり」ということは、植民地主義の「同化教育」を意味している。「朝鮮の人民の奴隷状態…」はどこに行ったのだろう。そして、朝鮮学校を守ろうとする学父母の闘いが「阪神教育闘争:4・24(サ・イサ)」である。

同じ1948年、朝鮮には「済州島4・3事件」があり、8月に「大韓民国」が、9月に「朝鮮民主主義人民共和国」がそれぞれ誕生する。そして、49年9月、日本政府は、団体等規正令により「在日本朝鮮人連盟」の解散を命じ、それに伴って、第二次朝鮮学校閉鎖令が強行される。東京都では、朝鮮学校は接収され、変則的な「都立朝鮮学校」に改組された。したがって、朝鮮学校はすべて公費で運営された。しかし、1952年4月28日、対日平和条約発効に伴い、旧植民地出身者は「日本国籍」を喪失するとされ、外国人の教育には公費は投入しないとして、55年3月、都立朝鮮学校は廃校となり、現在の私立朝鮮学校になる。

文部省通達が発せられた1948年の12月10日、国連総会は「世界人権宣言」を採択した。いわく、第1条(人間の尊厳と平等)「すべての人間は、生れながらにして自由であり、かつ、尊厳と権利とについて平等である」、第2条(差別の禁止)「すべて人は、人種、皮膚の色、性、言語、宗教、政治上その他の意見、国民的若しくは社会的出身、財産、門地その他の地位又はこれに類するいかなる事由による差別をも受けることなく、この宣言に掲げるすべての権利と自由とを享有することができる」と。国連は、人権の主流化に向かうべく、重要な第一歩を踏み出しており、日本の現実との乖離は明らかである。

前に見たように、1919年、日本はパリ講和会議で、世界に先駆けて「人種差別撤廃」を掲げて「敗れた」が、しかし第二次大戦後に生まれた国際連合は、いまや日本のかつての「提起」を実現してくれることになったのである。私たちは、そのことにあまりに鈍感ではないだろうか。

3 「植民地主義並びに、これに伴う差別…」、「民族性…を涵養する…朝鮮人学校は…」

「世界人権宣言」後に最初に制定された人権条約は「人種差別撤廃条約」で、1965年12月21日の国連総会で採択された。日本は、1956年に国連加盟を果たしており、この条約採択では賛成票を投じたであろう。その前文には、「国際連合が植民地主義並びにそれに伴う隔離および差別のあらゆる慣行を非難してきた…」とある。国連が最初に手掛けた人権問題は「人種差別」であり、しかもそれは「植民地主義並びにそれに伴う差別」という具体的な新しい概念を提示してくれている。奪われた言葉、歴史、文化を取り戻すべく、戦後日本に自力で設けた「国語講習所」が、朝鮮学校の前身である。すなわち、日本の植民地主義に起因する歴史を持つ学校といえよう。

国連は、次いで、②自由権規約（1966年採択）、③社会権規約（同年）、④女性差別撤廃条約（1979年）、⑤拷問禁止条約（1984年）、⑥子どもの権利条約（1989年）、⑦移住労働者保護条約（1990年）、⑧強制失踪者保護条約（2006年）、⑨障碍者権利条約（同年）と9本の中核的人権条約を制定し、人権の主流化を進めている。

日本の「国際人権基準」との出会いは意外なものだった。1975年4月、サイゴンが陥落してベトナム戦争が終結、南北ベトナムは統一された。やがて、ベトナム難民の流出が始まり、日本にもボートピープルがやってきた。同年11月には主要国首脳会議（サミット）が発足し、日本はその一員となる。フラ

ンスのル・モンド紙（78・5）は、「日本の難民受け入れ消極策の背景に、朝鮮人差別がある」と評した。日本は難民の受け入れに本格的に取り組まざるを得なくなった。1979年には国際人権規約（自由権・社会権）を、1981年には難民条約をそれぞれ批准した。それに伴い、公営住宅など公共住宅関連が外国人に門戸開放され、国民年金法、児童手当3法の「国籍条項」が削除され、外国人もその対象とされた。一握りの「難民」が、60万在日コリアンへの差別撤廃に「貢献」したのである。1985年、女性差別撤廃条約を批准すると、国籍法が父系から父母両系に改正され、男女雇用機会均等法が制定された。事程左様に、日本の人権状況は国際人権基準と乖離しており、朝鮮学校問題についても同様のことがいえる。

国連が採択した9つの中核的人権条約（日本は⑦移住労働者保護条約以外は批准）には、条約の遵守状況をチェックするための専門家による委員会（多くの場合18名）が設けられている。条約締約国は、各条約委員会に対し、定期的に各条約の国内実施状況に関する「報告書」を提出し、審査を受け、その結果は「総括所見」として公表される。さらに、条約の国内実施状況をチェックするためのもう一つの制度が「個人通報制度」である。人権侵害を受けたと考える個人が、国内で利用できる救済手続きを尽くしたのちに、直接に各条約委員会に申し立てることができる制度。委員会は、それを検討し条約違反があるかどうかについて判断し、それが「見解」として公表される。なお、個人通報制度については、自由権規約のように条約とは別に「第一選択議定書」を批准しなければならない場合と、人種差別撤廃条約のように同条約14条にその定めがあり、その受託宣言を行う場合がある。いずれにしても、別途その制度を受け入れる措置を取らなければならない。

2020年現在、自由権規約については116ヶ国が、女性差別撤廃条約については114ヶ国が、障碍者権利条約については100ヶ国が、それぞれ個人通報制度を受け入れている。しかし、日本の受け入れは「ゼロ」である。したがって、最高裁で敗訴が確定した無償化裁判を、国連に通報して、専門家による委員会の「見解」を得る道は閉ざされている。ちなみに、韓国は、自由権規約、女性差別撤廃条約など4条約について、個人通報制度を受け入れている。

人種差別撤廃条約が国連で採択された同じ1965年の12月28日、日本では重要な文部事務次官通達「朝鮮人のみを収容する教育施設の取り扱いについて」（文管振210号、文部事務次官から各都道府県教育委員会、各都道府県知事あて）が発せられた。いわく「民族性または国民性を涵養することを目的とする朝鮮人学校は、我が国の社会にとって、各種学校の地位を与える積極的意義を有するものとは認められないので、これを各種学校として認可すべきではない」と。

「民族性を養う教育は認めない」とは、結果において、植民地主義による同化教育を強いることを意味する。「通達」の一週間前に、国連総会が採択した「人種差別撤廃条約」前文が、「植民地主義並びにこれに伴う差別」を指摘していたことは前述のとおりである。当時、日本の学校制度は、正規校（学校教育法一条校）と各種学校の二本立てで、各種学校と認めないことは、あらゆる意味で「学校」とは認めないとの宣告である。しかし、認可権をもつ各知事が、「通達」に反して、今では、すべての朝鮮学校を「各種学校」として認可していることは指摘しておきたい。

前に見たように、対日講和条約が発効する1952年4月28日、在日朝鮮人は「日本国籍」を失い「外国人」になったので、公費を投じる「都立朝鮮学校」は存続させないとして廃校とされた。すなわち「外国人」になったとされる一方で、「外国人として育つ」ことは認めないのである。なんとも理不尽というほかない。「植民地主義」に立ち向かおうとする国際人権の立場との乖離は歴然としていよう。

また、1965年は、「日韓条約」が締結された年である。日韓双方の激しい反対運動を押し切る形で締結された条約である。日韓会談の最終局面における朝鮮学校をめぐるやり取りが残されている。

韓国側「赤化を目的とする共産教育をしている朝総連系学校を閉鎖しなければならないのでは…」、日本側「日本側が責任をもって解決すべき内政問題だ／日本政府が朝総連系学校を整理するとしたら、在外国民保護の見地から外交的に抗議することはないだろうか」、韓国側「抗議はないだろう」（1965年4月23日、日韓法的地位協定委）。

米ソ対立を背景とする南北間の朝鮮戦争、それが尾を引く南北間の対立が、ここには色濃く投影している。しかし、日本の文部行政が、いまなおこうした認識にとらわれているさまは、時代錯誤も甚だしい。

4 「拉致問題に進展がない…」「朝鮮学校除外は、差別である」

1965年、日韓は国交正常化したが、北朝鮮とは今なお実現していない。2002年9月、小泉純一郎首相は平壌入りし、金正日国防委員長との間で「日朝平壌宣言」に署名。金委員長は「拉致」を認め謝罪したが、「宣言」の本来の意味は脇に、もっぱら朝鮮バッシングが吹き荒れることに。法務省人権擁護局も「日朝首脳会談で、拉致事件問題が伝えられたことなどを契機として、朝鮮学校や在日朝鮮人などに対するいやがらせ、脅迫、暴行などの事案の発生が報じられていますが、これは人権擁護上見過ごせない行為です」とのチラシ配布。

しかし、初の「官製ヘイト」として、東京都（石原慎太郎知事）は、枝川朝鮮学校明渡し訴訟を提起した（03・12〜07・3和解、学校存続。しかし2010年、外国人学校のうち朝鮮学校のみ都の補助金停止）。「枝川朝鮮学校支援都民基金」が発足。韓国の市民運動、メディアなどが来日し、朝鮮学校における民族教育に共感、支援の輪が生まれた。その一つが、朝鮮学校を描く記録映画『ウリハッキョ（私たちの学校）』（金明俊監督06）の完成である。２０１１年６月の朝鮮学校支援集会（東京池袋・豊島公会堂）に金監督が寄せてくれたメッセージには「朝鮮学校は、自分が誰であるかを教え、この地で朝鮮人として生きていく方法を教えてくれる唯一の学校です。これは日本の学校にはできないことです」とあった。『60万回のトライ』(13)、『ウルボ、泣き虫ボクシング部』(15)、『蒼《そらいろ》のシンフォニー』(16)など相次いだ。

　東日本大震災で被災の朝鮮学校支援を機に、韓国の支援団体「モンダンヨンピル（ちびた鉛筆）」（２０１１発足、俳優・権海孝・共同代表）、韓国各地でチャリティ・コンサート開催、日本でも。出版物としては、ＫＩＮ（地球村同胞連帯）編『朝鮮学校物語』出版（日本版は花伝社２０１５）。「ウリハッキョと子どもたちを守る市民の会」（女性界、労働界、宗教界、農民団体、法曹界など糾合）、２０１４年発足。孫美姫・共同代表「日本にいる同胞たちは、南と北を選ぶことができない立場でも、子どもたちのわが民族の言語や文字、歴史を守るために学校を設立しました。日本の過去における植民地統治の迫害の歴史的産物である朝鮮学校、…北との関係を理由に、子供たちを差別することは、本当に野蛮で、文明国家であってはならない犯罪です。…恥ずかしいです、申し訳ないです。それで遅くなりましたが、始めました。子どもたちのすがすがしい笑顔に、少しでも力をつけ足そうと、集まりました…」（２０１４年、日本での孫さんの記者会見から）。同会は、毎年20〜30名の訪日団を派遣、朝鮮学校訪問、文科省前の金曜行動参加、文科省への要請行動などを行う（コロナで中断、22年秋、再開）。

　１９６５年段階の韓国政府の朝鮮学校認識を前に見たが、２０００年代に入ってからの韓国市民運動の認識、ここにその一端を紹介したように「隔世の感」がぬぐえない。それが「現在地」なのである。

日本は教育に対する公費の投入が少ないことで「有名」である。そうしたことを踏まえ、民主党政権は、2010年4月「高校無償化法」を施行した。同法は、正規校（一条校）のほか、専修学校、外国人学校をも対象とする画期的なもの。外国人学校は、(イ)本国の高校相当校、(ロ)国際評価機関の認定校、(ハ)その他、に区分。朝鮮学校などは（ハ）とされ、「…指定に関する規程」により審査する方式。その結論が先送りされるうちに、自民党に政権交代。

2012年12月、第二次安倍晋三政権発足、その初仕事が朝鮮学校除外。下村博文文科相、会見で「拉致問題に進展がない、朝鮮総連と密接な関係にあり…」ので（ハ）を削除すると表明。『マンガ嫌韓流』(05)、「在日特権を許さない市民の会」とやらが京都朝鮮学校襲撃(09)、東京・新大久保で「朝鮮人　首吊レ　毒飲メ　飛ビ降リロ」などを掲げて街宣。そして2013年の流行語大賞に「ヘイトスピーチ」がノミネート。官製ヘイトとしての「高校無償化除外」が、これらヘイトスピーチと共鳴している現実が、日本の「現在地」である。

高校無償化除外は、さっそく国連・社会権規約委員会（2013年4月）で取り上げられ、「日本人を拉致したことは恐ろしい犯罪ですが、朝鮮学校に通う子どもとは何の関係もない、教育を受ける権利を奪うことになる」とし「これは差別である」と断じた。人種差別撤廃委員会（14・8）も「朝鮮学校が就学支援金制度の恩恵が受けられるように、また、地方自治体の朝鮮学校への補助金提供の再開・維持を促すこと」を勧告。さらに、同委の次の「最終所見」（18・8）では、「前回の勧告を再度表明する」とされた。国連・人権条約機関の「勧告」を日本政府は無視し続けている。

冒頭に引用した大鷹大使は、一方で次のように述べる。「教育の差別防止について、日本においては、教育基本法において、すべての国民は教育上差別されないとして教育の機会均等を定めています。…我が国に居住する外国人の方々に対しても、希望する者については義務教育の機会の保障といった日本人と同様の取扱いを行っております」と。要するに、日本学校に来れば「日本人同様に扱う」ので、外国人に対する差別はないというのである。それが、植民地時期の「同化主義」と同じという自覚は全くない。

そろそろ「現在地」についての私の見方を書き留めておきたい。

1、文科省は、国連の人種差別撤廃条約採択と同時に、「民族性を涵養する朝鮮人学校は学校と認めない」という1965年通達を発出。そこから一歩も進んでいない。通達で予告した「外国人学校制度」も、当初の法案が廃案になると、以降60年近く不作為が続く？ そのため、専修学校の「外国人を専ら対象とするものを除く」との「盲腸」もそのまま残る。そして「日本学校に来れば…」が念仏のように繰り返される？

2、国際人権基準との矛盾はどうなる。日本の朝鮮学校問題と国際人権基準との関係が生まれるのは、戦後30年・1975年から後のこと。1975年、ベトナム難民流出と「サミット」発足、日本もその一員。1979年、日本は、国際人権規約を批准、以降、次々と人権条約を批准。中核的人権条約の内、移住労働者保護条約以外すべて批准。

条約締約国は、定期的に国連に「報告書」を提出し審査を受ける。朝鮮学校問題は、各委員会で度々

問題とされ、例えば、「拉致は恐ろしい犯罪だが、それと朝鮮学校生とは何の関係もない」と指摘され、「拉致問題に進展がない…」とする日本政府との落差は一目瞭然。しかし、拘束力はないと「勧告」無視を続ける。「個人通報制度」について、100ヶ国以上が3条約を受諾しているが、日本は何時まで「ゼロ」を続けるか。

3、5地裁に提訴したが、1勝14敗。司法の劣化を憂う。本来の司法であれば、大阪地裁の原告勝訴判決が常識。いわく「教育の機会均等とは無関係な…拉致問題の解決の妨げになり、…という外交的、政治的意見に基づき、朝鮮高級学校を支給法の対象から排除するため、…(ハ)を削除したもので、委任の範囲を逸脱するものとして違法、無効と解すべき」と。判断は明快である。

4、65年通達は、各種学校として認可すべきでないとしたが、美濃部都知事は権限に基づき、1968年4月、朝鮮大学校を各種学校として認可。今では、全国の朝鮮学校がすべて認可されている。自治体の補助金支給を停止した自治体で、国連勧告を受けて「再開」したところはまだない。なぜだろう。「美濃部知事」は遠くなりにけり?

5、韓国の市民運動が、朝鮮学校の存在意義に注目して支援の輪を広げ、訪日団の朝鮮学校訪問も実現。こうした朝鮮学校支援の日韓交流は以前にはなかった新しい側面。日韓会談での韓国政府のあの朝鮮学校認識を思うと、まさに「隔世の感」を覚える。

高校無償化法における「高等学校の課程に類する課程」に関する意見書

【2015年11月22日付で、名古屋地裁に提出】

田中　宏

1、はじめに
2、朝鮮学校は「各種学校として認可すべきでない」（通達）
3、「教育の同等性」の承認へ
4、大学入学資格認定も「同等性の承認」
5、高校無償化と外国人学校
6、「拉致問題」と「北朝鮮問題」が、押しつぶす朝鮮高校の無償化
7、（ハ）により指定された二つの外国人学校
8、朝鮮高校審査の「凍結解除」後の経緯
9、曲折を経つつも進む朝鮮高校審査
10、とにかく朝鮮高校は除外する
11、国連での「釈明」は通用しなかった
12、韓国で広がる朝鮮学校への共感と支援
13、見識なき下村文科相の迷走
14、まとめ

1、はじめに

日本は、教育に対する公費投入が少ないことで有名である。例えば、「経済協力開発機構（OECD）は、9日、2011年の加盟国の国内総生産（GDP）に占める学校などの教育機関への公的支出を発表した。日本は前年並みの3・6％で、データが比較可能な31ヶ国中、5年連続で最下位だった」（2014年9月10日付、東京新聞）と伝えられた。日本は、1979年に社会権規約を批准したときも、同第13条（教育）の無償化をうたった（b）と（c）は留保した。2010年に導入された高校無償化を受けて、日本政府は、2012年9月、ようやく、国連に「留保」撤回を通告した。

2010年4月に施行された高校無償化法（公立高等学校に係る授業料の不徴収及び高等学校等就学支援金の支給に関する法律）は、その対象を、従来の「一条校」に限らず「専修学校」及び「各種学校である外国人学校」にも拡大した。社会権規約第13条は「教育についてのすべての者の権利を認める」としているからである。

対象となる外国人学校は、高校無償化法施行規則第1条第1項第2号により、（イ）大使館などを通じて日本の高校に相当

する課程であることが確認できるもの、（ロ）国際的学校評価団体の認証を受けているもの、（ハ）その他、文部科学大臣が、高等学校の課程に類する課程として指定したもの、に分けられた。しかし、民主党政権は、朝鮮高校への適用については、途中で審査を「凍結」したり、それを解除した後も結局結論を先延ばしした。

そして、２０１２年12月26日、第２次安倍晋三内閣が発足すると、２日後の28日に、下村博文文部科学大臣は、朝鮮高級学校（以下、朝鮮高校という）は高校無償化の対象にしないと表明し、翌２０１３年２月20日、朝鮮高校を対象とする根拠になる（ハ）を施行規則から削除する省令改正を公布するとともに、朝鮮高校に「不指定」処分を通知したのである。

この意見書では、高校無償化法にいう「高等学校の課程に類する課程」とは何か、どう考えるべきかについて、１９６５年の文部事務次官通達以降の経緯を踏まえつつ述べ、本審理の参考にしていただければと思う。

2、朝鮮学校は「各種学校として認可すべきではない」（通達）

今年はちょうど日韓国交正常化50周年にあたる。日韓条約が締結された１９６５年の年末、文部省（当時、以下同じ）は、朝鮮学校に関して重要な通達を出した。すなわち、「朝鮮人のみを収容する教育施設の取り扱いについて」（12月28日、文管振２１０、文部事務次官から各都道府県教育委員会、各都道府県知事あて）である。いわく「民族性又は国民性を涵養することを目的とする朝鮮人学校は、我が国の社会にとって、各種学校の地位を与える積極的意義を有するものとは認められないので、これを各種学校として認可すべきではない」と。外国人学校の中でも、朝鮮学校のみを扱った通達である点に政治性を感じざるをえない。当時の学校制度は、正規校（学校教育法第１条）と各種学校（旧同第83条）のみで（１９７５年に専修学校制度創設）、朝鮮学校は、あらゆる意味で「学校」とは認めない、というのである。

１９４５年８月、日本の「ポツダム宣言」受諾により、朝鮮半島に対する日本の植民地支配も幕を閉じた。在日朝鮮人は、奪われた言語、文化、歴史をとり戻すために、自力で、日本各地に〝寺子屋〟のような「国語［朝鮮語］講習所」を設け、それが、今日の朝鮮学校の「原点」となる。しかし、日本政府は、それに対して、１９４８〜49年には閉鎖・改組命令を出すなどの敵視政策をとったが、それについてはここでは立ち入らない（梶井陟『都立朝鮮人学校の日本人教師』岩波現代文庫の解説、田中宏「戦後日本の朝鮮人教育政策と都立朝鮮学校」に譲りたい）。

前述の次官「通達」は、その延長線上に位置づけられよう。

この「通達」の背景には、一方、東西冷戦のもとでの韓国側の意向も働いたようだ。韓国で２００５年に全面公開された日韓会談文書によると、第７次日韓全面会談・日韓法的地位協定委員会第26次会合（１９６５年４月23日）では、次のようなやり取りがあった。

韓国側（イ・ギョンホ代表、のちに法務次官など歴任）「赤化を目的とする共産教育をしている朝鮮総連系学校を閉鎖しなければならないのではないか。そのような当然すべきことはせず、韓国人が設立した正当な学校を、そういうものと同一視することで、その上級学校進学資格すら認めないというのは理解できない」

日本側（文部省・大臣官房参事官石川次郎）「これは、日本側が責任を持って解決する内政問題だ」（中略）、「仮に、日本政府が、朝鮮総連系学校を整理するとしたら、在外国民保護の見地から外交的に抗議することはないだろうか?」

韓国側「そのような抗議はないだろう」

前述の次官通達の末尾には、「なお、朝鮮人を含めて一般に我が国に在住する外国人をもっぱら収容する教育施設については、国際親善の見地から新しい制度を検討し、外国人学校の統一的扱いをはかりたい」とあり、翌年から外国人学校法案が登場した（当初は、学校教育法一部改正法案として）。その最大の眼目は、外国人学校の認可権などを「知事」から「文部大臣」に移すことだった。日本では、大学の認可権は文科大臣が有するが、高校以下の認可権はすべて都道府県知事が有している。14条からなる同法案は、規制に関する条項ばかりで、その修了者に大学入学（受験）資格（以下、「大学入学資格」という）を付与するとか、私学助成の対象にするなどの助成・振興策は何一つ盛り込まれなかった。

3、「教育の同等性」承認へ

前述の「通達」なり「法案」に見られる中央政府の朝鮮学校政策に〝一石〟を投じたのは、1967年に東京都知事となった美濃部亮吉前東京教育大教授だった。美濃部知事は、1968年4月「法に従った行政を行う」として、朝鮮大学校を「各種学校」として認可した。前述の「通達」には従わなかったのである。また、外国人学校法案も結局成立を見ないままに終わった。今では、全国にあるすべての朝鮮学校は各種学校として認可されている。従って、「通達」は、もはや〝有名無実〟と化したと言えよう。

各種学校認可に続いて、自治体（都道府県レベルと市区町村レベル）から朝鮮学校に補助金が交付されるようになる。それは、朝鮮学校での教育は、日本学校での教育と同じ「普通教育」であり、「教育の同等性」が承認されたことを意味する。例えば、私の住む東京都足立区には「外国人学校児童生徒保護者負担軽減補助金交付要綱」があり、その対象校は「認可を受けた各種学校のうち、外国人を対象として教育を行う学校で、義務教育に相当する教育を行うものとする」と定めている。「義務教育に相当する教育」に注目したい。特別区である足立区は、義務教育に当たる区立の小・中学校を設置している。在日外国人の子どもが外国人学校に就学すれば、計算上そのための公的負担は削減されることになる。そこに「義務教育に相当する教育」を行う外国人学校に、足立区が補助金を支給する根拠が生まれるのである。

朝鮮学校を始めとする外国人学校の処遇改善は、その後も、JRの通学定期券が認められ、各種の競技大会への出場資格も認められるようになった。毎年の高校ラグビー選手権で、大阪府代表として「花園」に向かうのは、このところいつも大阪朝鮮高校であった。先日（11月8日）行われた東京第二地区代表の決定戦では、東京朝鮮高校が勝利し、初めて「花園」への切符を手にしたが、大阪朝鮮高校は、逆に大阪府代表の決定戦で敗退した。このようにして、朝鮮学校を始めとする外国人学校の地位処遇は徐々に改善されるが、それはその「教育の同等性」

なり「教育の相当性」なりが承認されたことを意味するのである。

4、大学入学資格認定も「同等性の承認」

日本における大学入学資格については、学校教育法施行規則第150条に定めがある。外国人留学生が日本の大学に入学する場合、同条第1号にいう「外国において、学校教育における12年の課程を修了した者」に該当するとして受け入れている。すなわち、「課程年数主義」によって「教育の同等性」が認定されるのである。教育の「同等性」、「相当性」の問題は、日本にある外国人学校（高校相当）修了者の日本の大学入学資格にも関わってくる。文部省は、かつては、専修学校及び外国人学校の修了者は、大検（大学入学資格検定、現在は高等学校卒業程度認定試験）に合格しなければ大学を受験することはできないとしていた。

2003年3月、文科省は、アメリカの要請を受けて、欧米の3つの教育評価機関が認定する日本のインターナショナル・スクール（高校相当）16校については、大学入学資格を認めると発表した。対象外とされたアジア系や中南米系の外国人学校から強い批判が寄せられ、文科省は軌道修正を図り、同年9月、他の外国人学校についても認めるとして、新しい方針を発表した。すなわち、①前述の国際的教育評価機関の認定するインターナショナル・スクールの卒業者、②本国の高校と同等の課程を有すると位置づけられる学校（韓国学校、中華学校、ブラジル学校など）の卒業者、③その他、各大学の個別審査により入学資格が認定された者は、いずれも大学入学資格を有するとされたのである。②については、学校教育法施行規則第150条第1号後段にその定めがあり、2015年3月現在、38校の外国人学校が指定されている。

なお、朝鮮高校卒業者は②に該当しないのかと思われるが、日本と北朝鮮（朝鮮民主主義人民共和国）は外交関係がないため、同等の課程かどうかが確認出来ないことが理由のようだ。北朝鮮の学校制度は、大学入学までが11年制（幼稚班年長班1年＋人民学校4年＋高等中学校6年。鎌倉ほか編『入門朝鮮民主主義人民共和国』雄山閣出版、1996）であるのに対し、日本にある朝鮮学校は日本と同じ12年制（初級6年＋中級3年＋高級3年）であり、両者が符合しない点もあろう。日本にある朝鮮学校は、北朝鮮の建国（1948年9月）以前にすでに発足していたのである。もっとも、日本にある朝鮮高校卒業者は、韓国を始め日本以外の大学では入学資格が認められていることも紹介しておく。③にいう、大学による認定は、以前は文科省が認めていなかったが、以降、認めるとした点が政策変更であり、同施行規則第150条第7号に定められている。

大学入学資格に関連して、専修学校卒業者のそれにも触れておきたい。前述のように、専修学校卒業者は、かつては「大検」に合格しなければ、大学を受験することはできなかった。しかし、1985年9月、専修学校高等課程（3年制）で文部大臣が指定した課程の修了者に、大学入学資格を付与することとなった（1998年6月には、専修学校専門課程修了者に大学編入学資格が認められた）。同施行規則第150条第3号に定められ、2015年2月現在、全国で973課程が指定されている（埼玉116、東京99、大阪95、愛知72、など）。

専修学校高等課程が大学入学資格付与の指定を受ける要件は、①修業年限3年以上、②総授業時数が2800時間以上、③普通科目（国語、社会、数学、理科または外国語）の総授業時数が420時間以上、などとされた。専修学校の場合、その教育内容はさまざまであり、「一条校」のような「教員免許」にも、「検定済み教科書」にも、「学習指導要領」にもなじまないので、結局は、修業年限や総授業時数によるしかない。

「日本の教育」と「外国の教育」との間で、教育の「同等性」なり「相当性」を承認する場合、前述した「課程年数主義」によらざるを得ないのである。海外からの留学生に日本の「大検」に合格しなければ、日本の大学は受験できない、とするわけにはいかないのである。その時、問題とされるのは、日本と同じ「12年の課程」を修了しているかどうかだけである。

5、高校無償化と外国人学校

2010年4月に施行された高校無償化法は外国人学校をも対象とし、しかも国庫から支出されることもあって、外国人学校に学ぶ生徒にも「画期的」なことと受け取られたに違いない。「同等性の承認」がさらに進み、一つの「頂点」に達したと言えよう。

対象となる外国人学校は、前述のように、同法施行規則第1条第1項第2号により、（イ）、（ロ）、（ハ）に分けられた。そして4月30日、（イ）として、ブラジル8校、中華2校、韓国、イギリス、フランス、ドイツ各1校、計14校が、（ロ）として、北海道から沖縄県までのインターナショナル・スクール17校、合計31校が、さっそく指定された。

朝鮮高校10校は（ハ）に該当するとされたようだ。朝鮮高校は、なぜ（イ）に該当しないのかについて、しかるべき説明はなされていない。日本と北朝鮮との間に外交関係がないことが、その理由かとも思われるが、指定された中華学校2校はいずれも台湾系であり、日本と台湾との間に外交関係はない。あるいは、前述のように、北朝鮮の学校制度は大学入学までが11年制であるが、日本にある朝鮮学校は日本と同じ6＋3＋3制を採用しており、両者は一致しない点があるかもしれない。なお、北朝鮮は、2012年9月、12年制への移行を決めたが、ここでは立ち入らない（佐野通夫「朝鮮民主主義人民共和国の全般的12年制義務教育」『海峡』25号、社会評論社、2013年所収参照）。

（ハ）に関しては、2010年5月26日、専門家による検討会議が設けられ、5回の会議を経て、8月30日、「高等学校の課程に類する課程を置く外国人学校の指定に関する基準等について（報告）」（以下、「基準等」という）が公表された。その基準は、専修学校高等課程の水準を基本とすること、（ほかの外国人学校の）指定に当たっては、教育内容を判断基準とせず、…客観的・制度的な基準により指定していること、…指定については外交上の配慮などにより判断すべきではなく、教育上の観点から客観的に判断すべきである、などとされた。

「専修学校高等課程の水準」に関連して、一言触れておきたい。前に見たように、1966年以降、幾度か、外国人学校法案が国会に提出されたが成立しなかった。実は、その時、同時に専修学校制度創設のための法改正も進められていた。こちらのほうは、1975年に法改正が実現し、専修学校制度が創設された。当初、同時に進められていたため、学校教育法の専修学校に関する第124条には「我が国に居住する外国人を専ら対象とするものを除く」とある。専修学校と外国人学校とは、〝双生児〟の間柄だったからある。

もう一つ指摘しておきたいのは、「(ほかの外国人学校の) 指定に当たっては…」に関連してである。私は、情報公開手続により、(イ) についてどのような方法によって指定されたかを調べたところ、大使館などから該当する学校のリストを入手し、それによって指定した学校を、『官報』に「告示」するのである。

例えば、ドイツについてみると、2010年4月1日付で、文科省・高等学校修学支援室長からドイツ大使館・文化部長宛、「我が国に所在する各種学校である外国人学校について (照会)」を発し、「我が国の高等学校に対応するドイツ連邦共和国の学校の課程と同等の課程を有するものとしてドイツ連邦共和国の学校教育制度において位置付けられたものについて、別添の回答案を御参考として、ご回答をお願いします」と要請し、4月6日付で駐日大使より川端達夫文科大臣宛に「下記の学校が、日本国の高等学校に対応するドイツの学校の課程と同等の課程を有するものとして、ドイツの学校教育制度において位置づけられていることを証明します」との回答が届いている。なお、外交関係のない台湾については、日本側の窓口機関である財団法人交流協会と台湾側の窓口機関である台北駐日経済文化代表処の間でのやり取りによっている。要するに、学校を訪ねるとか、教科書を提出させるとか、財務諸表の提出を求めたわけではない。大使館もしくはそれに準ずる機関からの文書によって、まさに「客観的・制度的な基準により指定」したのである。

検討会議の報告を受けて、2010年11月5日、文科大臣は、「高校無償化法施行規則第1条第1項第2号ハの規定に基づく指定に関する規程」(以下、「規程」という) を決定し、指定の基準及び手続きを定め、申請期間を11月30日とした。そして、朝鮮高校10校は、いずれも期限までに申請を済ませた。

6、「拉致問題」と「北朝鮮問題」が、押しつぶす朝鮮高校の無償化

朝鮮高校が「規程」に基づき申請手続きを開始して程ない、2010年11月24日、菅直人首相は、北朝鮮による韓国・延坪島砲撃事件を受けて、朝鮮高校の審査を「凍結」するよう指示した。高校無償化の朝鮮高校への適用については、以前から否定的な動きが見られた。早くは、法成立以前の2010年2月21日、中井洽・拉致担当大臣が、朝鮮高校除外を文科大臣に要請していた。

2002年9月の「日朝平壌宣言」は、それ自体が持つ本来の意味は脇に押しやられ、もっぱら拉致問題に収斂してしまった感がある。「北朝鮮による拉致被害者家族連絡会 (代表 飯塚繁雄：以下「家族会」という)」と「北朝鮮に拉致された日本人を救出するための全国協議会 (会長 西岡力：以下「救う会」という)」が、連名で「朝鮮学校への国庫補助を拙速に決めることに反対する声明」を発表したのは、2010年8月4日である (「救う会」HPより)。なお、高校無償化法は、学校への補助ではなく生徒に就学支援金を支給する仕組みである。『声明』には、「一部報道によると、高校無償化の朝鮮学校への適用の適否を検討している専門家委員会が、『補助すべき』とす

る結論を出すことが決まったといいます。しかし、専門家委員会のメンバーが誰なのか、いつ、どのような議論をしているのかさえ公開されていません。そのような密室の議論で拉致被害者救出にも影響を与えうる重大事案を扱うことに強い違和感を覚えます。専門家の中に、拉致を初めとする北朝鮮や朝鮮総連の不法活動に関する専門家は含まれているのでしょうか。…」とある。「高等学校の課程に類する課程」であるか否かを審査・検討する会議に、拉致問題などの専門家が入っているかどうか、というのである。

その翌日の8月5日、もう一つの団体「北朝鮮帰国者の生命と人権を守る会」(代表 三浦小太郎:以下「守る会」という)が、「朝鮮学校無償化の政府方針に抗議する声明」を発表した(「守る会」HPより)。専門家による検討会議は、7月26日に第4回会議を開き、次回の第5回会議(8月19日)で『報告』を採択し、その幕を閉じるが、こうした流れを、無償化の対象になることが決まったと見たのである。それは正確ではないが、「高等学校の課程に類する課程」の指定にはさしたる裁量の余地がないと見ると、当たっているともいえる。ともあれ、朝鮮高校への無償化適用に関して、これら3団体、すなわち「家族会」「救う会」「守る会」が、いずれも反対を表明したことは、以降重要な意味を持つことになる。

8月25日には、家族会・救う会が、文科省と拉致問題対策本部を訪れ、「朝鮮学校への国庫補助に反対する要請文」を手渡している。文科省では、尾崎春樹・大臣官房審議官(初等中等教育局担当)、和田勝行・初等中等教育局財務課高校修学支援室長に面会している。さらに、8月29日には、「朝鮮高校無償化が実現すれば、日本は拉致被害者の返還を強く求めていないとの間違ったサインになる危険があります」とのキャッチコピーのもと、都内で大衆的な「朝鮮高校への授業料無償化に反対する緊急集会」が開かれた。朝鮮高校無償化と拉致問題を〝天秤にかける〟方向が出てきたのである。

高木義明文科大臣は、11月5日、前述のように「検討会議」の報告を受けて、「規程」を定めたところ、即日、「家族会」・「救う会」は「朝鮮学校への国庫補助に反対する緊急声明」を発し、「文部科学大臣におかれては、朝鮮学校への国庫補助を決める基準適用手続さにおいて、拉致問題への悪影響を払拭する措置がとれるのかどうかを十分に検討して頂きたい」などとした。11月16日には、「守る会」が「朝鮮学校授業料無償化の決定に抗議し、国会での再検討を求める声明」を発し、「文部科学省は、朝鮮学校が無償化にふさわしいと判断した理由を、歴史教科書に対する評価も含めて、公的な形で国民に納得のいくよう説明してください」などとした(守る会の機関誌『光射せ』6号所収)。この「規程」が決定されたことによって、多くの人びとが朝鮮高校への適用がほぼ決まったと見る一方、反対派も危機感を抱いただろうことは想像に難くない。

菅首相の「凍結」指示は、こうした経緯を受けた「地点」に位置することになる。朝鮮高校が「高等学校の課程に類する課程」に該当するか否かという、そもそもの原点は、すっかり忘れられたかの感はぬぐえない。

7、(ハ)により指定された二つの外国人学校

2010年11月、「規程」が定められたが、朝鮮高校だけは

審査が凍結されたことは前述の通りである。しかし、それ以外の該当校は、審査を受けることになる。「規程」第15条により、「教育制度に関する専門家その他の学識経験者で構成される会議」として、「高等学校等就学支援金の支給に関する審査会」（以下、審査会という）が設置された（以下、審査会の内容等については、文科省のHPによる）。

そして、2011年7月1日、第1回審査会が開かれ、文科省初等中等教育局長より、ホライゾンジャパン・インターナショナル・スクール（神奈川県）及びコリア国際学園（大阪府）の審査が依頼された。前者は、トルコ人が中心となって開設されたインターナショナル・スクールで、同年9月に高等部を開設予定。後者は、韓国人の生徒がほとんどであり、同年4月に学校法人、各種学校として認可されたばかりだった。

2校の審査は、7月1日、20日、11月2日の3回の審査会で審査され、前者については8月30日に、後者については12月8日に、それぞれ指定され『官報』に告示された。前者については、2回の審査で結論が出ている。第2回審査会では、委員から「高等部はまだ開校前だが、現時点で指定することについては問題ないか」との問いに、事務局の文科省は「これから行われようとする教育が『高等学校に類する課程』かどうかを判断するものである。なお、申請通りの教育が行われているか等は、今後確認していく」と答えている。

そして、指定に当たっての「留意事項」は5項目で、両校ほぼ同文である（ただ、前者については、開校前のため「申請内容に沿って着実に実施すること」との項目を追加）。また、「3就学支援金の授業料への確実な充当について」の項目は、「就学支援金が確実に生徒の授業料に充てられるようにするとともに、その原資が貴重な税金であることを踏まえ、経理の透明化を図ること」とあり、両校全く同文である。なお、第2回審査会では、留意事項に関して、次のようなやり取りがなされている。委員「留意事項を守らなかった場合、ペナルティはあるか」、事務局「直ちにペナルティを課すことはできないが、改善を促していく。就学支援金が授業料に充てられないなどの法令違反があった場合には、指定の取り消しを行う」と。

両校については、「審査基準適合状況」と題する一覧表が作成され、例えば、「規程」に沿って、「第2条（修業年限）─3年」のように記入されている。また、同第13条については、「第13条（適正な学校運営）─①財務諸表の作成、②理事会等の開催実績、③所轄庁による処分（H18・4・1～H23・6・1）なし」と記入されている。

このような審査を経て両校が指定を受けた結果、朝鮮高校より後に申請した学校が、追い越す形で無償化の適用を受けたことになる。

8、朝鮮高校審査の「凍結解除」後の経緯

菅首相は退陣を前に、2011年8月29日、高木文科相に凍結解除を指示し、朝鮮高校の審査が再開されることとなる。同日、早速、例の「家族会」・「救う会」は連名で、「菅首相の朝鮮学校への国庫補助手続きの再開に抗議し、新内閣に拉致問題解決にふさわしい新たな対応を求める声明」を出した。また、31日には、自民党政務調査会の文部科学部会（部会長　下村博文）、外交部会（部会長　小野寺五典）、拉致問題対策特別委員会（委員長　古屋圭司）が、３部会合同会議を開き、「(凍結解除の）指示の即時撤回を決議」している（機関紙『自由民主』2477号、2011・9・13)。同日、新党「たちあがれ日本」も同じように抗議声明を出している。もう一つの「守る会」も、同日、野田佳彦首相宛に「朝鮮学校無償化手続き再開の撤回を求める要請文」を送り、そこには「朝鮮学校ならびに朝鮮総連に対し、教科書での北朝鮮独裁政権礼賛を改めるまでは、無償化はありえないことを通告してください」などとある（「守る会ＨＰより）。教育内容は、そもそも審査対象になっていない。「アメリカン・スクールで原爆投下はどう教えられ、中華学校の教科書に南京大虐殺はどう記されているか。それらが問われないのは、価値観や歴史認識が異なるからといって、教育内容に政治的干渉をすべきでないとの大前提があるからだ」（2013・2・2付、神奈川新聞社説）との指摘を紹介しておこう。

「救う会」のＨＰには、凍結解除当日、与党民主党の拉致問題対策本部が、菅総理に抗議文を出したこと、10月25日、民主党内に「朝鮮学校授業料無償化を考える会」（代表：鷲尾英一郎衆議院議員）が生まれ、野田首相、中川正春文科相あてに「朝鮮学校授業料無償化の審査に当たり、厳正かつ慎重な対応を求める決議」を採択し、それに名を連ねた51名の議員名が紹介されている。

野田内閣は9月2日に発足するが、11日には、家族会代表が野田総理と面会、９月末までに要求が実現しない場合、「座り込み」も辞さない姿勢で被害者救出のために闘う覚悟であると文書で伝えている。その3項目のひとつは、「朝鮮高校への無償化適用手続きを、拉致問題を理由に停止せよ」である。同月30日、家族会代表に対して、山岡賢次拉致担当大臣から、近く野田総理が地方在住者を含む家族会会員と面会する、また、中川文科大臣とも翌週面会が決まり、「座り込み」は見合わせることを決めている。

そして、10月6日、家族会・救う会は、中川文科相と面会、進められている手続きについて、拉致問題への悪影響などの懸念や問題点を指摘した。中川大臣は、「これまでの経過を踏まえ、私なりにもう一度整理する。教育行政としては、子どもたちの人権も考慮しなければならないというのが文科省の施策にあるとして、〝留意事項〟にもとづく教育内容の調査では、だまされないよう厳正に調べる」と約束した。また、「調査結果に基づき最終判断したい。あと2か月猶予してほしい。…国民に対しても、教育の問題と拉致の問題で、ちゃんと説明できるようにし、両方が大事なんだと伝えたい」とも。文科大臣が初めて、教育問題と拉致問題との〝区別〟に言及した場面といえよう。

自由民主党は、審査の再開を受けて、朝鮮高校排除の方向をはっきり打ち出したようだ。『自由民主』（2478号、2011・9・20）では、「自民党はこう考える：朝鮮学校の高校無償化は認められない　反日教育に血税―下村博文シャドウ・キャビネット（ＳＣ）の文科大臣に聞く」を掲げている。そこでは「金正日体制を支える思想教育を行う朝鮮学校への無償化適用は、国民の理解を得られない…」という一方で、「教育内容を基準とせずに、外形的な条件を満たせば無償化の対象となります。…審査手続きが再開されれば、事実上無償化の対象となってしまうのです」としている。「高等学校の課程に類する課程」であるかどうかは、外形的に判断するので除外はできないと正しく認識しており、それが後の「(八)の削除」案につながるのである。

2012年9月2日、「すべての拉致被害者を救出するぞ!国民大集会」が東京・日比谷公会堂で開かれ、民主党政権になって初めて野田首相が出席した。そこでの「決議文」には、「政府と関係地方自治体は、朝鮮学校への公的支援を止めよ」の一句が入っていた。

朝鮮高校が、高校無償化法にいう「高等学校の課程に類する課程」に当たるかどうかということは、結局どこかに行ってしまったようだ。

9、曲折を経つつも進む朝鮮高校審査

前述の2校については第3回審査会で議了し、第4回(2011・11・2。第3回と同日の午後開催)以降、朝鮮高校の審査に入る。配布資料1、の「審査日程(案)」には、「11月7日(月)~22日(火)実地調査」、「12月5日(月)又は16日(金)審査会を開催➡指定の可否について意見を聴取、実地調査の結果にもとづき留意事項を検討」、「12月末~1月初旬 文部科学大臣指定(留意事項の通知)」となっている。前述の中川文科相と「家族会」「救う会」との面会は同年10月6日であり、そこで大臣が「あと2か月猶予してほしい」と発言したこととともほぼ符合する。

朝鮮高校審査に入った第4回審査会当日、事務局である文科省・修学支援室が用意した「資料」は、さきの「1、日程」のほか、「2、朝鮮高級学校の審査(ポイント)」、「3、指定を受けようとする外国人学校の概要[10校の一覧表]」、「4、各朝鮮高級学校の審査基準適合状況」、「5、都道府県による朝鮮高級学校の検査及び行政処分等の状況について」、「6、各朝鮮高級学校の法令に基づく適正な運営の確認」、「7、各朝鮮高級学校への書面による確認事項(案)」と多岐に及んでいる。

「資料2、…審査(ポイント)」では、「1、主たる教材について、2、学校経理、就学支援金の適正な使用について、3、朝鮮総連との関係について、4、法令に基づく適正な運営について、5、申請に虚偽があった場合の対応」の項が建てられた。「1、教材」についての「対応」は、「具体的な教育内容については、審査の対象としないが、…審査の過程で『懸念事項』として学校に伝え…改善の方針が確認できない点は、指定の際に『留意事項』として通知し…」との方針が事務局から示された。「2、…支援金の適正な使用」については、「学校法人会計基準への外形的な適合性のみを公認会計士に依頼。…指定後に…仮に、不正使用が発覚した場合には、指定の取り消しを含め厳格に対処」などとある。「3、朝鮮総連との関係」では、「一般論としては、ある団体が教育に対して影響を及ぼしていることのみをもって、直ちに『不当な支配』(教育基本法第16条)があるとはいえないが、『不当な支配』に当たるかどうか引き続き検討する必要があるため、過去の報道等に基づき、以下の点を学校に確認。」などとある。「報道等に基づき…」とある点は、もっぱら『産経新聞』の記事を指すのである。例えば、「教材の改定には本国の決裁が必要か」との設問は、「教科書、金総書記の決裁必要」(2010年3月11日付、産経新聞)から来ている。審査の過程では、こうした「産経報道」に起因する〝曲折〟を余儀なくされた面が多い。

「資料4、…審査基準適合状況」は、前述の2校の場合と同様、「規程」の各条項をタテ軸に、北海道から九州までの10校をヨコ軸、にした大きな一覧表が作成されている。因みに、「第13条（適正な学校運営）」の項は、「①財務諸表の作成、②理事会等の開催実績、③所轄庁による処分（直近5年間）」に分かれている。①については、各校いずれも同じで、それぞれ必要なものを作成、③も、各校いずれも「なし」となっている。②について列記すると、北海道（理事会　3回、評議員会　3回）、茨城（理事会　1回、評議員会　1回、＊理事会は、常任理事会（寄付行為上に規定なし）を月1回開催）、東京（理事会　9回、評議員会　6回）、神奈川（理事会　4回、評議員会　4回）、愛知（理事会　3回、評議員会　3回）、京都（理事会　7回、評議員会　5回）、大阪（理事会　15回、評議員会　10回）、神戸（理事会　6回、評議員会　6回）、広島（理事会　9回、評議員会　2回）、九州（理事会　4回、評議員会　4回）である。

「資料6に…法令に基づく適正な運営の確認」では、「規程第13条の法令に基づく学校の適正な運営の観点から…法令違反となるかどうかについて、整理が必要」とあり、「校地・校舎について、仮差押えを受け、又は抵当権を設定されている学校」↓「仮に、報道にあるように、第三者の事業資金に充てる借入に対し、校地・校舎に抵当権が設定されている場合、法令違反となるか要整理」とある（報道とは、2011・10・26付、産経新聞「九州、愛知の朝鮮学校、施設仮差押え」）。

第5回審査会（2011年12月16日）での「配付資料」を見ると、「2、報道で指摘された事項への対応について」との項目が初めて登場し、前述した「産経報道」により審査の〝曲折〟が窺われる。「高等学校の課程に類する課程」に該当するや否やという審査の原点から、ややもすると離れかねないところだ。

第6回審査会（2012年3月26日）になると、事務局が用意した「資料1、各朝鮮高級学校の審査状況」の「1、審査基準への適合性」には、「審査基準のうち、裁量の余地のない外形的な基準（教員数、校地・校舎の面積等）については、全校が基準を満たしている」、「（1）審査基準（法令に基づく学校の運営）に抵触しうる事項、（2）申請内容の重大な虚偽となりうる事項、については、指定の可否に関わることから確認を行ったが、重大な法令違反に該当する事実は確認できていない」とある。次いで、「2、朝鮮総連との関係」では、「教育会とは、保護者、学校卒業生、その他各地域の学校支援者の代表等からなり、学校への寄付金の募集等の支援を行う組織であり、教育会が学校運営を支配しているという事実は確認されなかった」とある。「3、主たる教材の懸念事項」では、「（1）教育基本法第2条（教育の目標）に違反しないか、（2）指定の際に留意事項として自主的改善を促すべきか、との観点から…必要な確認を行ったところ、…拉致問題、大韓航空機爆破事件に関する記述が改定された教材が使用されていることが確認された。ミサイル発射、領土問題（竹島、北方領土）、日本海の呼称等について、我が国の政府見解と異なる記載が確認できた」などとある。

さらに、「資料4、朝鮮高級学校への留意事項（素案）」では、「既に指定済みの学校と共通する事項」のほかに、朝鮮高校について加えられる部分には「下線」が施してある。下線部分は、例えば、「1、学校の情報提供」↓「日本語による公開を検討すること」、「4、社会の担い手として活躍できる人材養成に努めること」↓「各種学校に対しては、教育基本法第14条第2項（政治活動の禁止）は、適用されないが、高級部の生徒の年齢を考慮すると、…民族教育の自主性を維持しつつも、過度に党派的な教育が行われないよう留意すること」、「5、学校の自主的な運営」↓「特定の団体による『指導』の下に、学校運営が行われているとの誤解を招くことのないよう、学校として自主的に運営を行う…」などである。前に見た2校の時も「留意事項」が登場すれば、審査が大詰めを迎えたことを意味していたのである。

第7回審査会（2012年9月10日）に用意された「資料2、朝鮮高級学校への直近の確認事項に対する回答」を見ると、またぞろ「産経報道」への対応に終始している。例えば、「全国の朝鮮初中級学校から選抜された生徒約100名が、1～2月に北朝鮮を訪問し、故金正日氏、金正恩氏への忠誠を誓う歌劇を披露していたとの報道について」↓「いずれも高級部の生徒は参加していないと回答。また、初中級部の児童・生徒が参加している場合も、学校行事ではなく、参加希望の児童・生徒が自由意思で参加しており、学校は関与していないとの回答」。因みに、産経新聞の記事は、「朝鮮学校生、正恩氏に忠誠、全国選抜100人、北で歌劇披露」（2012・3・16付）である。また、「金正恩氏の肖像画の掲示について」↓「いずれの学校も掲示しておらず、掲示について検討もしていないとの回答」。因みに、産経新聞の記事は、「正恩語録で総連幹部講習、朝鮮学校偶像化教育へ」（2012・6・18付）である。

朝鮮高校が「高等学校の課程に類する課程」に該当するや否やの審査とどう結びつくのだろう。前述したように、「すべての拉致被害者を救出するぞ！国民大集会」に、野田首相が出席したのは、2012年9月2日のことで、その決議文には「朝鮮学校への公的支援を止めよ」とあった。しかし、その少し前に、「横田めぐみさん」の父・滋さんは、「拉致問題があるから朝鮮学校を無償化の対象から外すとか、補助金の対象から外すというのは、それは筋違い」と発言している（「横田滋さん・早紀江さんインタビュー」『週刊金曜日』2012・6・15）。また、「国民大集会」の後になるが、拉致被害者の兄・蓮池透さんも、「高校無償化政策から朝鮮学校を除外したり、…これは拉致問題とは関係ない〝八つ当たり〟です」と発言している（『週刊朝日』2013・2・22）。

第7回審査会は、一方で、前回同様、指定に当たっての「留意事項」を掲げており、その内容もほとんど前回と同文で、審査の最終段階にあったと思われる。第7回の「議事要旨」も、「今回の議論を踏まえながら、今後も審査作業を進めていく。次回の審査会については、決まり次第、連絡する」とある。しかし、それは「暴風」のなか、まったくの〝空手形〟に終わってしまった。

10、とにかく朝鮮高校は除外する

野田政権の先行きが怪しくなると、朝鮮高校除外も加速し、2012年11月16日、自民党は、朝鮮高校への無償化適用を阻止することを目的とした「高校無償化法一部改正法案」を参議院に提出した（2012年11月16日付、産経新聞「朝鮮学校の無償化阻止へ法改正案提出　自民　義家氏」）。それは、同法施

行規則にある（イ）（ロ）（ハ）を、法律レベルに格上げしたうえで、（ハ）を削除する法案である。とにかく朝鮮高校は除外するとの〝堅い〟意思の表れであろう。同法案は、衆議院解散により廃案となったが、自民党が選挙に勝利し、12月26日、第二次安倍晋三内閣が発足した。２日後の28日、下村博文文科相は、早速、定例記者会見で、高校無償化からの朝鮮高校除外を明言した。

下村大臣は、その理由について「拉致問題に進展がないこと、朝鮮総連と密接な関係にあり、教育内容、人事、財政にその影響が及んでいること等から、現時点での指定には国民の理解が得られず、不指定の方向で手続きを進めたい…このため、野党時代に議員立法として国会に提出した朝鮮学校の指定の根拠を削除する改正法案と同趣旨の改正を、省令改正により行うこととし、本日からパブリックコメントを実施することといたします。なお、今後、朝鮮学校が都道府県知事の認可を受け、学校教育法第１条に定める日本の高校となるか、又は北朝鮮との国交が回復すれば、現行制度で対象と成り得ると考えているところでございます」と述べた。また、記者の質問に答える中で、「外交上の配慮などにより判断しないと、民主党政権時代の政府統一見解として述べていたことについては、当然廃止をいたします」と答えている（いずれも、同日の大臣会見録、文科省ＨＰより）。

意見募集要領に付された「省令案の概要」においては、現行法制度を説明した後、「改正の概要」として「上記のうち、（ハ）の規定を削除し、就学支援金制度の対象となる外国人学校を（イ）及び（ロ）の類型に限ることとする」とあるのみで、改正の趣旨、理由はいっさい書かれていない。そこで、私は、改正の理由をファックスで文科省に問い合わせたが、結局返事は得られなかった。

因みに、通常のパブリックコメントでは、改正の趣旨或いは目的が意見募集要領の中で説明されている。例えば、２０１３年１月18日に公示された「高校無償化法施行令の一部改正政令案」の「意見募集」には、「趣旨」が掲げられ「所得制限を設け、保護者等の負担を軽減する必要…」とある。

それまでの流れから見れば、朝鮮高校を除外するためとなるのだろうが、さすがにそれを明記することは憚られたのだろう。パブリックコメントの期間を経て、２０１３年２月20日、（ハ）を削除する省令改正を公布施行するとともに、朝鮮高校10校に『規程』第13条に適合すると認めるに至らなかった」として「不指定」処分を通知した。

最後となった第７回審査会（２０１２年９月10日）の「議事要旨」には、実は、次のようなやり取りも記録されている。

委員「本審査会として、結論として１つの方向性を示すことが求められているのか。場合によっては、委員の間にいろいろな意見があってまとまらない、ということもありうるのか」

事務局「最終的に、どちらかの方向性は示していただくことになるが、その際に、少数意見を併記することも考えられる」

委員「本審査会でとりまとめたものを参考に、最終的には大臣が決定することになるということか」

事務局「そのとおり」

しかし、「審査会にどちらかの方向性を示していただくこと」もなく、省令改正と不指定処分が「断行」されたのである。本来は、朝鮮高校が、高校無償化法にいう「高等学校の課程に類する課程」に該当するかどうか、が審査されるべきなのに、いつしかその原点が忘れられ、「拉致問題…」なり「朝鮮総連との関係…」という政治問題にされてしまった。

因みに、文科大臣決定の「規程」第15条（意見の聴取）には、「文部科学大臣は、…指定を行おうとするときは、…（審査会）の意見を聴くものとする」とある。自ら定めたルールをも無視したというほかない。また、同第16条（定期的な書類の提出等）には、「文部科学大臣は、…毎年度…就学支援金が生徒の授業料に係わる債権の弁済に充当されていることが確認できる書類の提出を求めるものとする」と定めており、「債権の弁済への充当」は担保されているのである。

また、大臣会見には「北朝鮮との国交が回復すれば…」とあるが、その場合は、（ハ）はすでに削除されているため（イ）によるほかなく、大使館からの「確認文書」により朝鮮高校を指定することになる。もちろん、「朝鮮総連との関係…」や「不当な支配」を問う余地はまったくないのであり、今回の処分が、それとの整合性をまったく欠いていることは明らかである。

11、国連での「釈明」は通用しなかった

高校無償化からの朝鮮高校除外は、もちろん国連の人権機関でも問題になった。高校無償化法の制定に伴い、社会権規約第13条の留保撤回を国連に通告したことは、本意見書の冒頭でも触れた。社会権規約に関する日本政府の第3回定期報告書は、2013年4月30日、国連・社会権規約委員会において審査され、5月17日に「総括所見」が発表された。

審査当日における、委員と日本政府代表とのやり取りの概略は、次の通りである。

シンヘス委員（韓国、法務部ジェンダー政策委・委員長、梨花女子大学国際大学院教授など）「なぜ朝鮮学校の生徒たちは、その対象に入っていないのか。彼らは、日本で生まれ育った子どもたちだ。日本は北朝鮮と国交がないというが、生徒たちの中には韓国籍も多く、日本籍もいる。朝鮮学校に対する差別的な待遇を撤回し、救済措置がとられるべきだ」

文科省の回答「朝鮮学校を無償化の適用対象外とした理由は、次の2つです。まず、朝鮮総連と密接な関係にあり、教育内容、人事、財政にその影響が及んでおり、無償化の審査基準13条に記されている法令に基づく適正な学校運営、これに適合するとの確証が現時点では得られていない。また、拉致問題に進展がないことを踏まえ、…国民の理解が得られない、このため…朝鮮学校の指定の根拠となる規定を削除したことから、不指定処分をしたところでございます…」

同委員の再質問「高校無償化は、高校での教育に対する平等な権利のためでしょう。…日本の人たちを拉致した確かに恐ろしい犯罪ですけれども、それと朝鮮学校に通っている子どもたちとの間には何の関係もないということです。ですから、それで彼らを排除するという理由にはならない。子どもたちが学校で教育を受ける権利を奪ってしまうことになるんです。…」

外務省の回答「朝鮮総連、これは日本に住む北朝鮮と関係のある人たちの団体で、ここと朝鮮学校が大変密接な関係にあって、朝鮮総連の非常に強い協力のもとで運営をされているということです。そういうところに、拉致問題も含めて犯罪行為をやっていることを無視して、国民の税金を支給することに対して、国民の理解が得られるかというところです。さらに言えば、朝鮮学校とは別に韓国系の方が通っている学校があり、これは制度の対象となっているわけです。ですから、特定の民族を差別する措置ではないことを御理解いただきたい」（委員は英語で発言し、日本政府の発言は日本語でなされ、参加した人権NGOがそれを録音反訳したものによる）

こうした質疑応答の後、同委員会は日本審査後の「総括所見」をまとめた。なお同委員会は、弁護士、研究者など法律の専門家18名よりなる（自由権規約委員会には東京大学の岩沢雄司教授〈国際法〉が、女性差別撤廃委員会には林陽子弁護士が、それぞれ委員に就任しているが、この社会権規約委員会には日本からの委員はいない）。

「総括所見」は、「肯定的側面」と「主な懸念事項及び勧告」に大別される。前述の留保撤回については、「（パラグラフ5）委員会は、締約国による無償教育の漸新的導入に関する第13条2（b）及び（c）の留保の撤回に、満足を持って留意する」と記された。

朝鮮学校の問題については「（パラ27）委員会は、締約国の公立学校授業料無償制・高等学校等就学支援金制度から朝鮮学校が排除されており、そのことが差別を構成していることに懸念を表明する。（第13条、第14条）

委員会は、差別の禁止は教育の全ての側面に完全かつ直ちに適用され、全ての国際的に禁止される差別事由を禁止の事由に包含することを想起し、締約国に対して、高等学校等就学支援金制度は、朝鮮学校に通学する生徒にも適用されるよう要求する」となっている（外務省訳、同省HPより）。

日本政府は、国連でも、日本国内と同じように、朝鮮学校除外の理由を事細かに「釈明」したが、結局、受け入れられなかったというほかない。国連は、「教育を受ける権利」なり「差別」という視点から問題をとらえているのである。

次に、国連・人種差別撤廃委員会は、2014年8月20〜21日に、日本政府の第7〜9回定期報告書の審査を行い、8月28日、「総括所見」を発表した。委員会での委員と日本政府のやり取りは、次の通りである。

アナスタシア・クリックリー委員（アイルランド、EU基本的人権部執行委・委員長（2007〜2010）など）「ヘイトスピーチに関して、直接的な質問をします。外国人や在日コリアンに対する暴力の呼びかけに対して、政府はどう対処するつもりでしょうか？ これは、人種差別撤廃条約の直接的な違反です。朝鮮学校無償化除外について、数々の報告から理解する限り、拉致問題の調査に進展がないことに基づいているのではないでしょうか。もしそうなら、多数の若者から教育の機会を奪う理由としては曖昧に思えます。また、朝鮮人の生徒に対する差別が続いています。生徒たちは制服や通学経路などについて、自由に判断できない状況にあります」

森祐介（文部科学省・大臣官房国際課）「複数の委員から、『朝鮮学校を高校無償化の対象外としているのは差別ではないか』という質問をいただきましたが、朝鮮学校の高校無償化にかかる不指定処分については、以下の理由から差別にはあたらないと考えています。

まず、高校等就学支援金は、学校が生徒に代わって受領して授業料にあてる仕組みになっていることから、学校において就学支援金の管理が適正に行われる体制が整っていることが求められます。そのための本件規程13条において、学校の運営が法令に基づき適正に行われていることを要件としており、具体的には教育基本法、学校教育法、私立学校法等の関係法令の順守が求められます。…制度の対象となるための基準を満たすかどうかを審査した結果、朝鮮学校は朝鮮総連と密接な関係にあり、また朝鮮総連は北朝鮮と密接な関係にあると認識しており、教育内容・人事・財政にその影響が及んでいることなどから、教育基本法第16条第1項で禁じる「不当な支配」にあたらないこと等について十分な検証を得ることができず、…不指定処分としました」（同審議録は、反差別国際運動日本委員会編『レイシズム ヘイト・スピーチと闘う——2014年人種差別撤廃委員会の日本審査とNGOの取り組み』解放出版社2015、所収）

クリックリー委員の発言は、在日コリアンへのヘイトスピーチの問題（同委では、もちろん、レイシストによる京都朝鮮学校襲撃事件も議論に）、かつて国連・人権機関で問題になった朝鮮学校生の制服・チマチョゴリ切り事件などの文脈の中で、今回の高校無償化からの朝鮮高校除外を取り上げているのである。ほかに、ケマル委員（パキスタン、元外交官（1970〜2003）など）は、一部の自治体が朝鮮学校への補助金を止めている問題を取り上げ、それは後述の「総括所見」にも反映された。

高校無償化からの朝鮮高校除外についての日本政府の答弁は、社会権規約の時とほぼ同じであるが、さすがに「拉致問題」という文言は、人種差別撤廃委では引っ込めたのである。そして、朝鮮学校は朝鮮総連と密接な関係にあり、その影響から教育基本法の禁じる「不当な支配」に当たらないか検証できないから…との〝三段論法〟を駆使して懸命に「釈明」に努めたが、国連人権機関では通用しなかったのである。

人種差別撤廃委員会の「総括所見」の該当箇所は、次の通りである。

「（パラ19）委員会は、（a）高等学校等就学支援金制度からの朝鮮学校の除外、及び（b）朝鮮学校に対し地方自治体によって割り当てられた補助金の停止あるいは継続的な縮小を含む、在日朝鮮人の子供の教育を受ける権利を妨げる法規定及び政府の行動について懸念する（条約第2条、第5条）。

（前半の一文省略）委員会は、締約国に対し、その立場を修正し、朝鮮学校に対して高等学校等就学支援金制度による利益が適切に享受されることを認め、地方自治体に朝鮮学校に対する補助金の提供の再開あるいは維持を要請することを奨励する。委員会は、締約国が、1960年のユネスコの教育における差別待遇の防止に関する条約への加入を検討するよう勧告する」と（外務省訳、同省HPより）。

この委員会の認識も、「教育を受ける権利」に関する問題であり、「差別」にかかわる問題と見ているのである。なお、ユネスコ条約への加入については、前回の日本審査の「総括所見」（2010年3月）でも指摘された（パラ22）が、何の対応もせず今回を迎えたのである。因みに、2015年2月現在、同条約への加入国は101か国に及ぶ。

国連の人権機関に関して、もう一つ指摘しておきたい。2013年3月、国連は、北朝鮮の人権状況について「調査委員会」を設置し、14年2月にはその「報告書」をまとめ、それにもとづいて、15年6月に、そのフォローアップのための事務所をソウルに設置した。国連は、北朝鮮の人権問題と日本の朝鮮学校差別の問題を、はっきり区別しているのである。北朝鮮が韓国・延坪島を砲撃したからと、朝鮮高校の審査を凍結した菅首相の措置、北朝鮮が核実験をしたからと朝鮮学校への補助金をストップした黒岩神奈川県知事の措置は、いずれも、きわめて特異な日本的状況というほかなく、国際的には到底理解されないであろう。

12、韓国で広がる朝鮮学校への共感と支援

東京・枝川の朝鮮学校の一部校地が、長期の無償貸与の都有地である点をとらえ、学校にその明渡し等を求めて、東京都（石原慎太郎知事）が提訴したのは2003年12月のこと。訴訟が学校の存亡を意味したため、市民団体「枝川朝鮮学校支援都民基金」が生まれた。一方、韓国の市民運動家、国会議員、メディアも同校を訪れ、日本の支援運動と交流し、そこから戦後日本で地道に続けられてきた民族教育への共感と支援の輪が広がっていった。裁判は、2007年3月、東京地裁で、都有地を学園が廉価で購入するとの「和解」が成立し、学校の存続を手にすることができた。

そうした経緯の中から生まれた記録映画『ウリハッキョ（私たちの学校）』（金明俊〈キム・ミョンジュン〉監督が北海道の朝鮮学校に泊まり込んで制作、131分）は、韓国で反響を呼び、2006年の釜山国際映画祭で受賞作となった。2011年3月の東日本大震災で仙台市と福島県郡山市の二つの朝鮮学校が被災したことも重なって、韓流ドラマ「冬のソナタ」で日本でもお馴染の俳優権海孝〈クォン・ヘヒョ〉氏が代表となる「モンダンヨンピル（ちびた鉛筆）」が結成され、朝鮮学校支援のチャリティコンサートが韓国各地で開かれた。日本でも、東京、大阪、広島、松山などで支援コンサートが行われ、好評を博した。

ソウル出身の女性監督・朴思柔（パクサユ）さんは、大阪朝鮮高校のラグビー部を舞台とする青春記録映画『60万回のトライ』（106分）を2013年に完成。これまた、全州国際映画祭で受賞作となり、韓国における朝鮮学校理解に新しい風を呼んだ。二つの映画は、韓国での朝鮮学校理解を広めたが、それをさらに一歩進めるために、韓国のNGO地球村同胞連帯（KIN Korean International Network）は、2014年9月、韓国初の朝鮮学校紹介本を出版した。その日本版も、このほど出版された（『朝鮮学校物語』花伝社、2015）。

2011年6月、東京・池袋で開かれた高校無償化を求める市民集会に駆けつけた金明俊監督は、「朝鮮学校が完璧な教育機関とは誰も言いません。しかし、子どもたちに朝鮮学校は自分が誰であるかを教え、この地で朝鮮人として生きていく方法を教える唯一の学校です。これは、日本の学校は絶対にできないことです。日本の学校ができないことを、朝鮮学校がしているのです。…」と、朝鮮学校への自分の想いを語った。

韓国における朝鮮学校支援の動きはさらに広がりを見せ、2014年6月、宗教界、女性界、労働界、法曹界などが一堂に会し、「ウリハッキョと子どもたちを守る市民の会」が発足した。

その共同代表の一人である孫美姫〈ソン・ミヒ〉さんは、同年11月来日され、文科省に要請を行うとともに、国会内での記者会見で、「市民の会」について、次のように述べた。

「残念ながら悲しい南北分断が続いて70年になります。この間、分断された地で痛みや無念がありましたが、分断は南と北だけにあったのではありませんでした。まさに、この日本にいる私たちの同胞たちが分断により、一層辛く生きてきました。多くの同胞たちは、分断によって南と北を選ぶことができない立場でも、子どもたちに、わが民族の言語や文字、歴史を守るための学校を設立しました。そして血の涙を流しながら守ってきました。…子どもたちはどこにいようと、何をしようと、愛され保護される権利があります。幸運にも、日本では朝鮮学校の学生、父母たち、先生たちだけでなく、日本の良心的な多くの団体や市民たちが、高校無償化適用を要求する署名運動や関連する訴訟を進めている事実を知りました。恥ずかしいです。申し訳ないです。私たちの子どもたちの問題、私たちの同胞の問題です。それで遅くなりましたが始めました。…」と。

先に引用した日韓会談における韓国側の発言を思うと、この間の「50年の時差」を感じざるをえない。しかし、いまの韓国の市民は、日本における朝鮮学校の民族教育に強い共感を抱く一方で、「良い韓国人も　悪い韓国人も　どちらも殺せ」などのヘイトスピーチが吹き荒れ、朝鮮学校差別（京都朝鮮学校襲撃事件、高校無償化からの除外、一部自治体による補助金停止など）が罷りとおっている日本の現実を、同胞として玄界灘の向こうから大いに憂慮しているのである。

13、見識なき下村文科相の迷走

一連の政策決定は、下村文科相の下で進められており、いちど整理してみたい。

1）２０１１年8月、菅首相により「凍結」が解除されると、下村ＳＣ文科相は、『自由民主』（同年9月20日）紙上で、「反日教育に血税…」の見出しのもと、「教育内容を基準とせずに、外形的な条件を満たせば無償化の対象となります」との正しい認識を示している。朝鮮高校を無償化から除外するのは現状では難しいとみており、それが、２０１２年11月、自民党が「高校無償化法の一部改正案」（同法施行規則にある（イ）（ロ）（ハ）を法律レベルに格上げしたうえで、（ハ）を削除する）を国会に提出したことにつながったのである。

2）２０１２年12月28日、下村文科相は、就任早々に高校無償化からの朝鮮高校除外を明言。「その理由は、拉致問題に進展がない…、朝鮮総連との関係…。野党時代に提出した法案と同趣旨を、省令改正により行う。…外交上の配慮などにより判断しないとの民主党時代の政府見解は廃止する」とした。すなわち、外交上の配慮との「縛り」をはずし、（ハ）を削除することにより、朝鮮高校除外を実現する、としたのである。

3）高校無償化法は、「就学支援金は、高等学校等に在学する生徒…に対し、…支給する」（改正法、第3条）と定めている。受給権者は生徒なのである。下村文科相は、記者会見において、幾度か「子どもには罪がありません…」としている（例えば、２０１２年12月28日、２０１３年2月19日、いずれも文科省での会見）。ならば、朝鮮高校生に支給しなければならないのではないか。

前に見たように、国連・社会権規約委では、「子どもたちが学校で教育を受ける権利を奪う…」とされ、人種差別撤廃委でも、「(拉致問題に進展がないことが）若者から教育の機会を奪う理由としては曖昧…」とされたのは、まさに「子どもには罪はない」からではないだろうか。従って、下村大臣がいう「子どもに罪はない」という言葉は、単なる〝飾り文句〟なり〝口頭禅〟というほかなかろう。

4）2013年2月20日、下村文科大臣は、施行規則からの（ハ）の削除とともに、朝鮮高校10校に「不指定」処分を通知した。（ハ）の削除と不指定処分との関係は、当初からよくわからない。下村大臣は、前に見たように「審査手続きが再開されれば、（朝鮮高校は）事実上無償化の対象になってしまうのです」（『自由民主』2011・9・20）との認識を示しており、その故に（ハ）の削除によって朝鮮高校を除外したのではなかったろうか。

東京朝鮮高校に処分を伝える「通知」には、「（ハ）の規定を削除したこと」及び「規程第13条に適合すると認めるに至らなかったこと」の二つを掲げている。そして、この規程第13条の「…授業料に係わる債権の弁済への確実な充当など法令に基づく学校の運営を適正に行わなければならない」を拡大解釈して、教育基本法第16条に言う「不当な支配」をも持ち込むのであるが、かなり無理なので「認めるに至らなかった」という〝奇妙な表現〟となったのだろう。

下村大臣は、かつては、前述のように、審査が始まったら朝鮮高校は「事実上無償化の対象になってしまう」との正しい認識をもっていたのであり、その前言を覆すことはそもそも出来ない仕組みなのである。

5）東京・板橋区は下村大臣の選挙区であるが、2014年5月31日、「高校無償化からの朝鮮学校排除に反対する板橋集会」が開かれ、そこで採択された「要請書」が地元の事務所に届けられた。要請書には、①2013年2月20日付の省令改正を直ちに撤回すること、②高校無償化制度を、2010年度に遡り朝鮮学校にも適用すること、とある。後日、大臣秘書官榮友里子氏より、7月16日付の文部科学大臣下村博文名の「要請書に対する回答」が送られてきた。そこには、「不指定処分とした理由は、朝鮮高級学校が指定基準に適合すると認めるに至らなかったこと、及び省令の規定を削除したことであり、拉致問題に進展がないことなどの政治的・外交的理由によるものではありません」とある。〝君子豹変す〟というほかない。

14、まとめ

高校無償化からの朝鮮高校除外が行われたのは、2013年2月20日であるが、その少し後に、一つの「事件」が報道された。東京・町田市で新入生に配布されてきた「防犯ベル」が、朝鮮学校だけには配布されなくなった、というのである。市役所を訪ねた友人たちは、朝鮮学校生の安全は考えなくていいのか、と問いただしたという。その時、耳にした台詞が「市民感情を考え…」だった。政府が多用したのは「国民感情」である。町田市は、さすがに撤回することとなり、朝鮮学校生にも配布され、事なきを得た。しかし、その後、市役所は、なぜ配布したのかとの抗議電話の応答に追われたという。

この事件を受けて書かれたJapan Times の社説「生徒たちは、政治的な人質ではない」は、次のように結んでいる。「今回の町田市の問題は、この国全体に吹荒れる、大きな、とても厄介な風潮（a bigger, very disturbing trend）の一部である。いくつかの地方政府は、北朝鮮系（pro-North Korean）学校への補助金支給を停止している。この2月20日、安倍内閣は、北朝鮮系学校を高校無償化制度から除外した。生徒たちを政治的な人質として利用することは間違っており、そうしたことをすれば、日本における朝鮮人差別を煽るだけである（田中仮訳）」（２０１３・４・12付）と。社説のとらえ方と、国連での議論には、どこか相通ずるところがある。

問題の核心は、いうまでもなく、朝鮮高校が、高校無償化法にいう「高等学校の課程に類する課程」に該当するかどうか、である。本意見書の前半で見てきたように、それは「教育の同等性」乃至「教育の相当性」の承認問題なのである。例えば、前述したように、自治体が「各種学校である外国人学校」に補助金を出すとき、その学校の教育が「義務教育に相当する教育」であるかどうかを、「課程年数」など外形的にみて判断しているのである。

同じことは、次に見た大学入学資格についても言えるのである。海外からの留学生が日本の大学入学資格を有するとされるのも、同じ仕組みである。ただ、日本では、２００３年までは、日本にある外国人学校卒業者は「大検」に合格しなければならなかったが、今ではその必要がなくなったことも、前に見たとおりである。

「教育の同等性」の問題は、教育機関の「接続」の問題と見ることもできる。前に見たように、１９８５年以前は、専修学校高等課程修了者は「大検」に合格しなければ大学を受験できなかった。しかし、大学との「接続」に道を開くため取られた方式は、専修学校での修業年限、総授業時間数という外形的尺度が使われたのである。

高校無償化制度を外国人学校に適用する場合も、基本的には同じことである。例の（イ）、（ロ）、（ハ）についても、「課程年数」による外形的審査によることは言うまでもない。すなわち、（イ）については、大使館等からの文書によってそれを確認したに過ぎない。（ロ）についても、国際的教育評価機関の認定を確認するだけである。そして（ハ）についてどうするかであるが、（イ）、（ロ）に準じる形で、「課程年数」なり「総授業時数」なりの外形的審査が行われることが基本であろう。

具体的には、「検討会議」が、「基準等」をまとめ、それに基づいて、文科大臣が「規程」を決定した。そして申請を受け付け、審査会の審査を経て、大臣が指定する仕組みが整った。「基準等」には、「専修学校の水準を基本とする」「教育内容を判断基準とせず」「制度的、客観的に把握しうる内容によることを基本とする」「外交上の配慮などにより判断すべきでない」などとあり、前述の外形的審査を旨としていることは明らかである。

しかし、現実には、「拉致問題」、「北朝鮮問題」に振り回され、ほぼ1年近く朝鮮学校審査は「凍結」されたが、それが「外交上の…」に反することは言うまでもない。再開後における朝鮮学校の審査（第４～７回の審査会、２０１１年11月～12年９月）でも、先の「基準等」に基づき、朝鮮学校が「高等学校の課程に類する課程」に該当するかどうかの審査は、脇に押しやられ、「産経報道」への対応に多くの時間が費やされた。しかし、最終段階の第7回審査会（2012年9月）では、「最終的に、どちらかの方向性は示して頂くことになるが、…」「本審査会で取りまとめたものを参考に、最終的には大臣が決定することになる」ところまで漕ぎ着けていたが、政権交代によって〝激変〟することになる。

「御用納めの日」に当たる2012年12月28日、下村文科大臣は、会見で、朝鮮高校除外の理由を、「拉致問題に進展がない」「朝鮮総連と密接な関係…」とした。朝鮮高校が「高等学校の課程に類する課程」に該当するかどうかには、まったく触れていない。

下村文科相は、前述のように、野党時代のSC文科大臣の時、「審査手続きが再開されれば、（朝鮮高校は）事実上無償化の対象となってしまう」と正しく認識しており、朝鮮高校の審査は、「基準等」により、「高等学校の課程に類する課程」に該当するかどうかを、客観的・制度的に或いは外形的に判断するしかないことを、熟知していたのである。すなわち、朝鮮高校を除外するには、審査の根拠となっている（ハ）の削除によるしかないと認識していたのである。

しかし、省令改正による朝鮮高校除外方針を巡って、2013年1月、大阪と名古屋で裁判が始まり、（社）自由人権協会は、「高校無償化法の施行規則改正案に反対する声明」において、「改正案は、朝鮮高校を就学支援金の指定対象から意図的に排除するものであり、教育の機会均等という高校無償化法の趣旨に反し、委任の範囲を逸脱するものであるとともに、憲法及び国際人権諸条約に反するもの」と図星の批判を加えた。

こうしたなか、2月20日、一方で、朝鮮学校排除の〝切り札〟と目されてきた省令改正を公布施行する（通常は経過規定を設けるが）とともに、もう一方で、朝鮮高校への処分通知には、「規程第13条に適合すると認めるに至らなかった」という〝名（迷?）文句〟が登場したのである。「規程」第15条（意見の聴取）にある審査会にも諮らずの「決行」だった。しかも、同16条（定期的な書類の提出等）により「毎年…授業料に係わる債権の弁済に充当されている」かどうかは確認できるのであり、不都合なことがあれば、その時点で十分対処できるのである。

国連・人種差別撤廃委では、前年の社会権規約委での「拉致問題」は姿を消し、規程第13条（適正な学校運営）の「指定教育施設は、高等学校等就学支援金の授業料に係わる債権の弁済への確実な充当など法令に基づく学校の運営を適正に行わなければならない」を持ち出し、それも「これに適合するとの確証が現時点では得られていない」（同委員会での政府答弁、2014・8・20）ことを理由とした。にもかかわらず、同委員会は、高校無償化を朝鮮高校に適用し、自治体の補助金停止も復活させるよう日本政府に勧告した。

文科省は、その一方で、実は、高校無償化法の省令改正により、2014年4月以降、その対象範囲の拡大を図っている。すなわち、省令第1条にいう「高等学校の課程に類する課程」に、新たに（1）理容師法に規定する理容師養成施設、（2）保健師助産師看護師法に規定する学校又は准看護師養成所、（3）美容師法に規定する美容師養成施設、（4）調理師法に規定する調理師養成施設、（5）製菓衛生師法に規定する製菓衛生師養成施設、を加えたのである。それによって、法が掲げる「経済的負担の軽減を図り、もって教育の機会均等に寄与すること」

が拡大されたのであるが、その際、「高等学校の課程に類する課程」であるか否かを別途検討したわけではない。朝鮮高校を除外するために省令を改正し、対象外国人学校を（イ）（ロ）に限定したこと、すなわち、法の趣旨に反して範囲を縮小したことの〝特異性〟が浮かび上がってこよう。

日本の朝鮮学校における民族教育に対して、韓国市民の間に共感と支援の輪が広がっていることも指摘した。国連人権機関における指摘や勧告とともに、日本に注がれるもう一つの「眼」と言えよう。先に紹介した金明俊監督の言葉「この地で朝鮮人として生きていく方法を教える唯一の学校です」、そして孫美姫さんの言葉「分断によって南と北を選ぶことができないなか、子どもたちに、わが民族の言語や文字、歴史を守るための学校を設立しました。…申し訳ないです。私たちの同胞の問題です。それで遅くなりましたが始めました」、そこに示されている「海を越えたもう一つの想い」に、私たちは耳を傾ける必要がないだろうか。

さきに見たJapan Timesの社説が指摘したように、いま日本では、「お前らウンコ食っとけ　半島帰って」などのヘイトスピーチが吹き荒れている。その一方で、折角の高校無償化なのにそこから朝鮮高校だけが除外されたのである。ヘイトスピーチ集団が京都朝鮮学校を襲撃したのは、２００９年12月のことである。それにおびえた子どもたちのことを思うと、胸が締め付けられる。子どもたちの質問「朝鮮人って悪いことなん？」「朝鮮学校やからアカンのん？」に、どう答えたらいいのだろうか。朝鮮高校に学ぶ生徒に即して言えば、「朝鮮高校に学ぶと、なぜ差別されなければならないのか」ということである。

２０１３年10月、京都地裁は、ヘイトスピーチ集団の行為は、人種差別撤廃条約にいう人種差別に当たるとして、学校周辺での街頭宣伝を差し止め、約１２００万円の賠償を命じたが、そのことは、あの子どもたちや保護者たちに、日本のもう一つのメッセージを送ったのではなかろうか。幸い、同判決は、大阪高裁でも、最高裁でも維持された。

私人による京都朝鮮学校襲撃事件と違って、高校無償化からの朝鮮高校除外は、国による新しい差別であるところに大きな特徴がある。国連人権機関では、はっきりと「教育における差別」であると認定していることは重く受け止めねばならない。阿部浩己神奈川大学教授（国際人権法）は、共同通信配信の寄稿文で「問われているのは、北朝鮮の振る舞いではない。日本の中で生きる子供たちを等しく処遇できない、私たち日本人自身の姿勢である」と述べている（２０１２年3月25日付、神奈川新聞）。日本国内だけでなく、隣国韓国を始め、国際社会でも大きな期待が寄せられている本件審理において、この意見書が何がしかのお役にたつことを願いつつ筆をおく。

以上

地方自治体による朝鮮学校への補助金支給状況一覧（都道府県）

年度	2009	2010	2011	2012	2013	2014	2015	2016	2017	2018
都道府県名	補助金額	補助金額	補助金額	補助金額	補助金額	補助金額	補助金額	補助金額	補助金額	補助金額
東京	23.6	0	0	0	0	0	0	0	0	0
埼玉	9	0	0	0	0	0	0	0	0	0
大阪	185.1	87.2	0	0	0	0	0	0	0	0
宮城	1.5	1.5	0	0	0	0	0	0	0	0
千葉	5.6	5.6	0	0	0	0	0	0	0	0
広島	13.8	10.1	9.7	0	0	0	0	0	0	0
新潟	1.6	1.1	1.1	0	0	0	0	0	0	0
山口	2.3	2.3	2.3	2.3	0	0	0	0	0	0
神奈川	72.5	63.3	63.8	63.7	0	42	56	0	0	0
茨城	2.4	2.4	2.4	1.6	1.5	1.6	1.7	0	0	0
栃木	1.7	1.7	1.5	1.5	1.5	1.4	1.7	0	0	0
和歌山	4.1	4.1	4.1	3.2	3.2	2.3	2.3	0	0	0
三重	3	3	3	3	3	3	3	0	0	0
群馬	2.5	2.1	2.4	2.5	2.5	2.4	2.7	2.4	0	0
北海道	6.3	6	5.3	4.4	3.8	3.2	3	2.9	2.4	2.4
福島	2.4	2.3	2	1.2	0.9	1.3	1.4	0.7	0.6	0.3
福井	0.3	0.3	0.3	0.3	0.3	0.2	0.1	N/A	N/A	N/A
長野	2.6	2.7	2.6	2.4	2.8	2.4	2.2	2.2	2.2	2.2
岐阜	2.9	2.8	2.9	2.7	2.5	2.1	1.4	1.5	1.2	1.1
静岡	1.4	1.1	1.1	1.1	1.2	1	1.1	1	1	1
愛知	22.2	21.7	20.5	20	19.3	18.9	18.4	18	17.8	16.3
滋賀	2	2.1	2.3	2.3	2	1.9	1.7	1.4	1.3	1.3
京都	33	32.3	26.9	15.5	8.5	6.1	5.2	5	4.4	4.2
奈良	N/A	N/A	N/A	N/A	N/A	N/A	N/A	N/A	N/A	N/A
兵庫	139.6	144.2	137	126.9	117.6	95	90	85.8	72.7	27.3
岡山	0.2	0.4	0.3	0.2	N/A	0.4	N/A	0.3	1	1
愛媛	0.6	0.6	0.5	N/A	0.5	0.5	0.5	0.5	0.5	0.5
福岡	8	1.9	1.9	1.8	1.9	1	0.8	1	0.8	0.8
合計	549.7	402.4	293.6	256.7	173	186	193.1	123.2	105.9	105.9

在日本朝鮮人人権協会調べ（2019 年 6 月現在）

単位：1,000,000 円　※概数になっているところもあります。

N/A：休校または学校による申請がなされていない

その他、市区町村レベルでは、以下の自治体が補助金支給を停止したことが確認されている。大阪市（2011 年度〜）、福岡市（2011 年度〜）、水戸市（2012 年度〜）、広島市（2012 年度〜）、仙台市（2012 年度〜）、下関市（2013 年度〜）、福生市（2013 年度〜）、大和市（2013 年度〜）、千葉市（2016 年度〜）、ひたちなか市（2016 年度〜）、北茨城市（2017 年度〜）

もっと知りたい人のために

無償化問題に関連する情報が掲載されているインターネット上のサイトを紹介する。(なお、URLは2023年1月16日現在のものである)
〈作成：金誠明《キムソンミョン》〉

◎ホームページ関係

《朝鮮学校「無償化」排除に反対する連絡会》HP
https://mushoka2020.blogspot.com/
《民族教育の未来をともにつくるネットワーク愛知 トトリの会》HP
https://mushouka.aichi.jp/
《朝鮮高級学校無償化を求める連絡会・大阪》HP
http://renrakukai-o.net/
《朝鮮学校無償化実現・福岡連絡協議会》HP
http://msk-f.net/index.html
東京朝鮮中高級学校HP
http://www.t-korean.ed.jp/
朝鮮幼稚園保護者連絡会HP
https://www.youho-korea.com/
月刊イオHP
https://www.io-web.net/
《国連・人権勧告の実現を！実行委員会》HP
https://jinkenkankokujitsugen.blogspot.com/

◎『ヨンピル通信』バックナンバー

https://mushoka2020.blogspot.com/2021/11/blog-post.html

◎日本弁護士連合会・関連声明

①高校無償化法案の対象学校に関する会長声明（2010年3月5日）
https://www.nichibenren.or.jp/document/statement/year/2010/100305.html
②朝鮮学校強制捜査人権救済申立事件（警告）（2010年4月22日）
https://www.nichibenren.or.jp/document/complaint/year/2010/2010_4.html
③朝鮮学校を高校無償化制度等の対象から除外しないことを求める会長声明（2013年02月1日）
https://www.nichibenren.or.jp/document/statement/year/2013/130201.html
④朝鮮学校に対する補助金停止に反対する会長声明（2016年7月29日）
https://www.nichibenren.or.jp/document/statement/year/2016/160729.html
⑤外国人学校の幼児教育・保育施設を無償化措置の対象とすることを求める会長声明（2019年12月20日）
https://www.nichibenren.or.jp/document/statement/year/2019/191220.html

◎国際人権委員会による総括所見（勧告）

日本政府報告書に対する自由権規約委員会、社会権規約委員会、人種差別撤廃委員会、子どもの権利委員会の総括所見（日弁連HP）
https://www.nichibenren.or.jp/activity/international/library/human_rights.html

◎「学生支援緊急給付金」からの朝大生排除問題

朝鮮大学校の学生に「学生支援緊急給付金」の公平な給付を求める大学教職員声明
https://ksubsidy.blogspot.com/
国連共同書簡（2021年2月19日）への日本政府の回答（同4月19日）に対する本学〔朝鮮大学校〕の主張
https://www.korea-u.ac.jp/20210906014-2/

◐朝鮮学校関連の映画

題　名	制作年	時間	監督	内　容
朝鮮の子	1955	30分	荒井英郎／京極高英	朝鮮人学校の子どもたちの作文をもとに、子どもたち自身がナレーションを務めながら、朝鮮語を学ぶ学校の意義とその存続を訴える
ウリハッキョ	2006	131分	キム・ミョンジュン	札幌にある寄宿制朝鮮学校を3年間取材。韓国で朝鮮学校を初めて紹介し話題に
60万回のトライ	2013	106分	パク・サユ／パク・トンサ	大阪朝鮮高校のラグビー部員の青春と無償化排除の闘いを描く
蒼のシンフォニー	2016	95分	パク・ヨンイ	茨城朝鮮高校生の祖国訪問で描かれる現地の人々と高校生の交流
ウルボ	2014	86分	イ・イルハ	東京朝鮮学校のボクシング部の泣き笑いありの青春を描く
アイたちの学校	2019	99分	コウ・チャニュウ	朝鮮学校誕生から弾圧の中でも学校を守り抜いた人々を描く
ニジノキセキ	2019	80分	パク・ヨンイ	差別に抗いながら、未来に希望を持って日々を送る朝鮮学校
差別	2021	84分	キム・ジウン／キム・トフィ	朝鮮学校無償化裁判を中心に描く
私はチョソンサラムです	2020	94分	キム・チョルミン	南北分断の中で、在日朝鮮人として差別に抗い、民族的アイデンティティを守り生きる人々
ワタシタチハニンゲンダ！	2021	111分	コウ・チャニュウ	植民地支配による朝鮮人差別が外国人差別につながる日本の入管問題を暴く
4・24	2022	85分	パク・ヨンイ	ニジノキセキを大幅に改変し、4・24阪神教育闘争を取り上げて描く

◐朝鮮学校関連書籍・雑誌の紹介

在日朝鮮人教育論　歴史編　小沢有作　1973　亜紀書房
在日朝鮮人民族教育の原点―4・24阪神教育闘争の記録　1979　金慶海　田畑書店
解放後在日朝鮮人運動史　1989　朴慶植　三一書房
朝鮮学校ってどんなとこ？　ウリハッキョをつづる会　2001　社会評論社
朝鮮学校の戦後史―1945～1972増補改訂版　金徳龍　2004　社会評論社

朝鮮高校の青春―ボクたちが暴力的だったわけ　金漢一　2005　光文社
チマ・チョゴリ制服の民族誌―その誕生と朝鮮学校の女性たち　韓東賢　2006　双風社
とりあげないでわたしの学校―枝川朝鮮学校裁判の記録〈第1集〉　枝川裁判支援連絡会　2006　樹花舎
隔月刊誌 朝鮮学校のある風景　ウリハッキョを記録する会　2010・1～2019・7　一粒出版
教育を受ける権利と朝鮮学校―高校無償化問題から見えてきたこと　朴三石　2011　日本評論社
私の心の中の朝鮮学校　クォン・ヘヒョ　2012　HANA
知っていますか、朝鮮学校　朴三石　2012　岩波書店
「語られないもの」としての朝鮮学校―在日民族教育とアイデンティティ・ポリティクス　宋基燦　2012　岩波書店
在日外国人 第三版―法の壁、心の溝　2013　田中宏　岩波書店
ルポ 京都朝鮮学校襲撃事件―〈ヘイトクライム〉に抗して　中村一成　2014　岩波書店
日本の外国人学校―トランスナショナリティをめぐる教育政策の課題　石川朝子他編著　2014　明石書店
原発災害下の福島朝鮮学校の記録―子どもたちとの県外避難204日　具永泰／大森直樹　2014　明石書店
都立朝鮮人学校の日本人教師―1950―1955　梶井陟　2014　岩波書店
高校無償化裁判―249人の朝鮮高校生 たたかいの記録　月刊イオ編集部　2015　樹花舎
朝鮮学校物語―あなたのとなりの「もうひとつの学校」　『朝鮮学校物語』日本版編集委員会編　2015　花伝社
大阪で歴史的勝訴―高校無償化裁判 たたかいの記録 vol.2　月刊イオ編集部　2017　樹花舎
朝鮮学校を歩く―1100キロ／156万歩の旅　長谷川和男／朝鮮学校を歩く刊行委員会　2019　花伝社
朝鮮学校の教育史―脱植民地化への闘争と創造　呉永鎬　2019　明石書店
「共生」を求めて―在日とともに歩んだ半世紀　田中宏／中村一成　2019　解放出版社
今、在日朝鮮人の人権は―若手法律家による現場からの実践レポート　2019　朝鮮大学校政治経済学部法律学科創設20周年記念誌刊行委員会　三一書房
朝鮮人学校の子どもたち―戦後在日朝鮮人教育行政の展開　松下佳弘　2020　六花出版
植民地教育とはなにか―現代日本を問う　2020　佐野通夫　三一書房
新版 日本の中の外国人学校　月刊イオ編集部　2022　朝鮮新報社
在日朝鮮人を生きる―〈祖国〉〈民族〉そして日本社会の眼差しの中で　山本かほり　2022　三一書房

朝鮮学校「無償化」関連年表

朝鮮学校および無償化（裁判）をめぐる動き

2009 年	
12 月 4 日	「在日特権を許さない市民の会（在特会）」による京都朝鮮第一初級学校襲撃事件

2010 年	
1 月 14 日	在特会が京都朝鮮第一初級学校を再び襲撃
1 月 29 日	「高校無償化法案」国会上程
2 月 21 日	中井拉致担当大臣が川端文部科学大臣に、「高校無償化」から朝鮮高校の除外を要請していたことが判明（報道）
3 月 16 日	「高校無償化」法案、衆議院にて可決
3 月 31 日	「高校無償化」法案、参議院にて可決成立
4 月 1 日	「高校無償化」法が施行。施行規則公布される * 朝鮮学校については、「専門家」による「検討会議」を開く方針が示される
4 月 30 日	「高校無償化」の対象となる外国人学校 31 校の指定を告示。朝鮮高校のみ適用留保となる
5 月 26 日	朝鮮高校の取扱いにつき専門家による「検討会議」始まる。以後 5 回の会議を行う
8 月 30 日	文部科学省、「検討会議」の報告を発表 *「高校無償化」を適用するかどうかは、「外交上の配慮などにより判断すべきものではなく、教育上の観点から客観的に判断すべきものであるということが法案審議の過程で明らかにされた政府の統一見解である」「個々の具体的な教育内容については基準としない」
11 月 5 日	高木文部科学大臣が「高校無償化」の適用基準を発表 * この基準に従って審査されれば朝鮮高校に「高校無償化」が適用されるはずであった
11 月 24 日	延坪島砲撃事件（23 日）を受け、菅首相、審査手続きの停止を指示

東京を中心とした無償化排除反対活動および国連の動き

2010 年	
2 月 24 日 ～ 25 日	国連・人種差別撤廃委員会で複数の委員が無償化からの朝鮮高校除外の動きに懸念を示す
3 月 3 日	日本外国特派員協会での記者会見（朝教同、日本退職教職員協議会、日朝学術教育交流協会）
3 月 4 日	衆議院院内学習会（議員 11 名、秘書 17 名含む 130 人余参加）
3 月 19 日	参議院院内勉強会（議員 4 名、秘書 10 名含む 90 人余参加）
3 月 27 日	「高校無償化」からの朝鮮学校排除に反対する緊急行動（代々木公園）（1000 人参加、賛同団体 70、呼びかけは立川町田朝鮮学校支援ネットワーク・ウリの会）
4 月 16 日	「高校無償化」からの朝鮮学校排除に反対する連絡会（以下無償化連絡会）結成
5 月 14 日	「高校授業料無償化朝鮮学校除外なら許されない」とピレイ国連高等人権弁務官発言
6 月 20 日	国連・子どもの権利委員会、朝鮮学校をはじめとする外国人学校への補助金増額を勧告
6 月 27 日	「高校無償化」即時適用を求める市民行動（芝公園、1200 人参加、賛同団体 144）
7 月 28 日	文部科学省要請行動（集会決議・署名提出）
8 月 27 日	緊急文部科学省・内閣府要請と院内集会
9 月 26 日	「高校無償化」からの朝鮮学校排除に反対する全国集会（社会文化会館・集会とデモに参加者 1500 人、賛同団体 249）
10 月 1 日	内閣府・文部科学省要請行動
10 月 9 日	朝鮮学校父母緊急集会
10 月 13 日	院内集会「高校無償化における朝鮮学校の取扱いに関する勉強会」

（年表 1）

11月24日	東京都が朝鮮学校への「私立外国人学校教育運営費補助金」停止を発表＊地方自治体の補助金停止が全国に波及していく（大阪、埼玉、千葉、宮城など）
2011年	
1月17日	行政手続法に基づいて朝鮮学校側が「不服申請」を行う
2月4日	「不服申請」への文部科学省の回答「平成22年11月23日の北朝鮮による砲撃が、我国を含む東北アジア地域全体の平和と安全を損なうものであり、政府を挙げて情報収集に努めるとともに、不測の事態に備え、万全の態勢を整えていくことが必要であることに鑑み、当該指定手続きをいったん停止しているものである。」
8月29日	管首相「審査手続き再開」を指示する
8月30日	ホライゾン・ジャパン・インターナショナルスクールを対象校に指定
11月2日	朝鮮高校に対する審査が始まる
11月末	全国の朝鮮学校の現地調査終了
12月2日	コリア国際学園を対象校に指定

11月13日	第12回日朝教育シンポジウム（日本教育会館）主催：日本教職員組合・在日本朝鮮人教職員同盟・日本朝鮮学術教育交流協会

2011年	
1月12日	内閣府・文部科学省要請行動
2月1日	フォーラム平和・人権・環境、日朝学術交流協会、朝教同、無償化連絡会の共同記者会見
2月9日	無償化連絡会、朝鮮学校排除に抗議する声明を発表
2月11日	第37回「日朝教育交流のつどい」が東京朝鮮第9初級学校で開催される
2月15日	朝鮮学校高校無償化問題に関する京都弁護士会会長声明
2月18日	都議会民主党・自民党・公明党・共産党・生活者ネット・自治市民に対する要請行動
2月26日	朝鮮学校への「無償化」即時適用を求める大集会（代々木公園～渋谷駅周辺デモ行進。参加者2000人超、賛同 団体262）
2月28日	内閣府、文部科学省要請行動
3月29日	内閣府、文部科学省要請行動
5月24日	国会議員に対するロビイング活動を行う
5月31日	国会議員に対するロビイング活動を行う
6月23日	即刻朝鮮高校に「無償化」を！6.23集会（豊島公会堂　参加者800人、賛同団体327）＊韓国から金明俊さん（映画「ウリハッキョ」監督）、孫炳輝さん（歌手）が参加。権海孝さん（俳優）、安致環さん（歌手）がビデオメッセージ
7月7日	内閣府、文部科学省要請行動。全国署名16787筆と6.23集会決議を手渡す
8月5日	東京都の補助金問題で都議会各会派ロビイング
8月13日	盧寿福ハルモニ（故人、タイ在住、日本軍「慰安婦」制度被害者）モンダンヨンピルに5万バーツ寄付

2012年	
9月20日	大阪朝鮮学園、補助金問題で府と市を提訴
12月16日	衆議院議員選挙で自民党圧勝・第2次安倍政権
12月28日	下村博文文部科学大臣が定例記者会見で朝鮮学校排除を発表 下村大臣が説明した排除の理由は「拉致問題の進展がないこと、朝鮮総連と密接な関係にあり、教育内容、人事、財政にその影響が及んでいること」であった

8月25日	内閣府、文部科学省要請、院内集会（参加者290人）、記者会見
8月28日	民族教育フォーラム2011シンポジウム「いま多民族多文化共生社会を問う・震災と高校「無償化」問題」開催
9月8日	馬場都議会民主党議員団長と懇談、都議会全会派ロビイング活動
9月24日	モンダンヨンピルと無償化連絡会が共同声明
10月8日	フォーラム平和・人権・環境、日朝学術交流協会、無償化連絡会共催の院内集会と記者会見
10月20日	都議会ロビイング活動
11月7日	都議会内集会（参加者200人）講師：荒牧重人、田中宏
11月8日	「高校無償化」朝鮮学校即時適用・院内集会・記者会見
12月1日	韓国ソウル日本大使館前モンダンヨンピル集会で、長谷川、佐野が連帯の決意表明
12月3日	朝鮮学校に教育保障を！12.3全国集会〜もう待てない「高校無償化」（大田区民ホール　参加者1500人、賛同団体327） *韓国から権海孝さん（モンダンヨンピル共同代表・俳優）、ハンソニさん、パクイルギュさん（バンド「ウリナラ」）が参加
12月6日	内閣府、文部科学省要請行動。12.3集会決議を提出
12月13日	院内集会開催。参加者200人、集会後記者会見
2012年	
1月11日	文部科学省前街頭宣伝・要請行動
1月19日	東京都生活文化局要請行動。要請書と署名2953筆を提出
2月〜3月	卒業までに！朝鮮学校に「高校無償化」実現を!! 2〜3月連続行動
2月14日	「卒業までに朝鮮学校に高校無償化実現を！院内集会」開催。文部科学省前連続スタンディング行動開始（2/14、2/22、3/7、3/15、3/21、3/29）
2月15日	都庁前早朝ビラまき・街頭宣伝活動

（年表3）

2013年	
1月24日	大阪（原告:大阪朝鮮学園）と愛知（原告:生徒・卒業生10人）で「無償化」裁判を提訴 裁判提訴同時行動として、朝鮮学校差別に抗議する文部科学省前行動
2月20日	文部科学省、朝鮮学校を排除するための省令改定 （「公立高等学校に係る授業料の不徴収及び高等学校等就学支援金の支給に関する法律施行規則」第一条第一項第二号ハの規定を削除）

2月25日	第38回「日朝教育交流のつどい」が東京朝鮮第二初級学校で開催される
3月1日	卒業までに！「高校無償化」実現を！文部科学省包囲行動 （300人参加）
同日	卒業までに！朝鮮学校の「高校無償化」実現を！デモ （代々木公園→渋谷駅、賛同団体330、参加者1800人。大阪兵庫でも同時行動）
3月21日	補助金支給を求める都庁要請行動
5月1日	都庁生活文化局要請、東京都補助金の支給を求める署名提出
5月19日	東京朝鮮第一初中級学校見学会の実施、授業参観・交流会
5月31日	参議院ロビイング活動。都議会各会派ロビイング活動
6月10日	東京朝鮮第二幼初級学校訪問・授業参観・シンポジウム
6月22日	モンダンヨンピル・チャリティーコンサート東京公演 （なかのZERO大ホール、参加者1500人）
7月18日	文部科学省・内閣府要請行動、院内集会
9月15日	東京朝鮮第四初中級学校訪問・授業参観と懇談
10月23日	都庁生活文化局要請を行う
11月23日	朝鮮学校支援都民集会（日本教育会館　参加者600人）
2013年	
1月18日	文部科学省前街頭宣伝
1月21日	都庁生活文化局要請・都議会各会派ロビイング活動
2月6日	文部科学省前集会・文部科学省就学支援室交渉
2月7日	院内集会・記者会見
2月11日	第39回「日朝教育交流のつどい」（西東京第二幼初級学校）
2月28日	都庁生活文化局要請・都議会各会派ロビイング活動
3月31日	朝鮮学校はずしにNO! すべての子どもたちに学ぶ権利を！ 全国集会&パレード（日比谷野音　参加者6000人）
4月3日	文部科学省前集会・文部科学省要請
4月25日	オモニ会主催院内集会

6月18日	安倍内閣、国連拷問禁止委員会の勧告について「法的拘束力を持つものではなく、締約国に従うことを義務づけているものではない」と閣議決定
6月23日	都議会議員選挙で、自民党圧勝・民主党惨敗
8月1日	広島で「無償化」裁判（広島朝鮮学園が原告の行政訴訟と生徒・卒業生110人が原告の国家賠償請求）が提訴される
12月19日	九州で「無償化」裁判（原告：生徒・卒業生68人）が提訴される

2014年	
2月17日	東京で「無償化」裁判（原告：生徒62人）が提訴される
4月2日	東京朝鮮高校生「無償化」裁判第1回口頭弁論
7月2日	東京朝鮮高校生「無償化」裁判第2回口頭弁論

5月17日	国連・社会権規約委員会、朝鮮高校への「高校無償化」適用を勧告
5月31日	国連・社会権規約委日本審査・スイス・ジュネーブ報告院内集会
同　日	朝鮮大学生による文部科学省前金曜行動がスタート
6月10日	文部科学省要請（社会権規約委勧告を「守る義務ない」との回答
7月1日	「人権勧告守る義務なし」に異議あり院内集会
7月24日	「2013年度韓日過去精算市民運動報告大会」（ソウル）に無償化連絡会から参加。「朝鮮学校差別撤廃と高校無償化制度適用を求める特別決議」を採択
9月10日	都庁生活文化局要請・都議会各会派要請
9月27日	「国連・人権勧告の実現を！」第1回学習会（高校無償化・日本軍慰安婦問題）
9月28日	東京朝鮮第三初級学校見学会の実施、授業参観・交流会
10月4日	「高校無償化」からの朝鮮学校排除問題についての日韓共同文科省申し入れ。「朝鮮学校差別撤廃と高校無償化制度適用を求める特別決議」を提出。韓国からペドッコさん（KIN（地球同胞連帯）代表）らが参加
10月21日	「国連・人権勧告の実現を！」第2回学習会（先住民族の権利・アイヌ・琉球）
10月26日	朝鮮学園を支援するネットワーク集会（東京朝鮮中高級学校）
11月9日	東京朝鮮第五初中級学校見学会の実施、授業参観・交流会
11月14日	「国連・人権勧告の実現を！」第3回学習会（差別は禁止できるか）
11月19日	都庁生活文化局要請行動・都議会各会派ロビイング活動
12月14日	「国連・人権勧告の実現を！」集会（明治大学リバティタワー）
12月15日	朝鮮学園を支援する会全国交流集会（東京朝鮮中高級学校）
2014年	
1月25日	「国連・人権勧告の実現を！」集会とデモ（代々木公園800人参加）
2月11日	第40回「日朝教育交流のつどい」（朝鮮大学校）
2月18日	東京朝鮮高校生の裁判を支援する会結成集会（470人参加）

（年表5）

10月1日	東京朝鮮高校生「無償化」裁判第3回口頭弁論
12月9日	京都朝鮮第1初級学校襲撃事件に対し最高裁が勝訴判決

2015年	
1月14日	東京朝鮮高校生「無償化」裁判第4回口頭弁論
3月18日	東京朝鮮高校生「無償化」裁判第5回口頭弁論
5月20日	東京朝鮮高校生「無償化」裁判第6回口頭弁論
9月18日	東京朝鮮高校生「無償化」裁判第7回口頭弁論
12月8日	東京朝鮮高校生「無償化」裁判第8回口頭弁論

4月2日	東京朝鮮高校生「無償化」裁判第1回口頭弁論報告集会
4月19日	東京朝鮮第六幼初級学校見学会の実施、授業参観・交流会
4月22日	社会権規約委員会日本審査に向けたNGOネットワーク院内集会と記者会見
5月17日	全国弁護団会議・無償化裁判支援全国交流集会
5月31日	裁判支援の会会報『ヨンピル通信』第1号発行
6月13日	韓国で「ウリハッキョと子どもたちを守る市民の会」発足
8月29日	国連・人種差別撤廃委員会、日本政府への総括所見（無償化適用、補助金支給を勧告）
9月28日	「国連・人権勧告の実現を！」の集会とデモ（芝公園）
10月18日	東京朝鮮高校生「無償化」裁判支援集会～ヘイトスピーチはダメ。でも朝鮮学校除外はいいの？～
11月6日～8日	韓国から「ウリハッキョと子どもたちを守る市民の会」が来日 *韓国で集められた朝鮮学校無償化適用を求める署名11,043筆を文科省に提出
11月26日	韓国国会内で初の朝鮮学校支援討論会
12月20日	朝鮮学園を支援する全国ネットワーク交流会開催
2015年	
2月20日	朝鮮高校生裁判支援全国統一行動　全国12か所で行動。各地の代表が文科省を訪れ要請。
2月21日	東京朝鮮高校生の裁判を支援する会総会と朝鮮学校で学ぶ権利を！朝鮮高校生裁判支援全国統一行動2.21全国集会（東京中高級学校　参加者1200人）
4月24日～5月1日	韓国で「在日同胞人権週間」
5月25日	『朝鮮学校物語　あなたのとなりの「もう一つの学校」』（花伝社）発行
7月1日	『高校無償化裁判　249人の朝鮮高校生　たたかいの記録』（樹花舎）発行
10月28日～31日	韓国から「わが民族助け合い仏教委員会」僧侶団来日

2016年	
3月18日	東京朝鮮高校生「無償化」裁判第9回口頭弁論*省令改定（規定ハの削除）と朝鮮高校不指定に関する公文書が開示される
3月29日	文科省「朝鮮学校に係る補助金交付に関する留意点について（通知）」(28都道府県知事宛)
5月25日	東京朝鮮高校生「無償化」裁判第10回口頭弁論*安達和志（神奈川大学法科大学院教授）意見書を提出
8月31日	東京朝鮮高校生「無償化」裁判第11回口頭弁論
12月13日	東京朝鮮高校生「無償化」裁判第12回口頭弁論*証人尋問　朝鮮学校除外が決められた当時の文科省担当者および原告2人

2017年	
1月26日	大阪補助金裁判不当判決
4月11日	東京朝鮮高校生「無償化」裁判第13回口頭弁論 *結審の予定であったが、裁判長交代のため1回延期。 喜田村弁護団長が弁論更新にあたって意見陳述
5月16日	東京朝鮮高校生「無償化」裁判第14回口頭弁論・結審
7月19日	広島「無償化」裁判・広島地裁不当判決
7月28日	大阪「無償化」裁判・大阪地裁全面勝訴判決
9月13日	東京朝鮮高校生「無償化」裁判・東京地裁不当判決
2018年	
3月20日	東京朝鮮高校生「無償化」裁判・高裁第1回口頭弁論
4月27日	愛知「無償化」裁判・名古屋地裁不当判決
6月12日	朝米首脳会談（シンガポール）
9月27日	大阪「無償化」裁判・大阪高裁不当判決

2016年	
2月13日	朝鮮学校高校無償化全国一斉行動全国集会（大阪で開催）
2月19日	朝鮮学校で学ぶ権利を！2.19文科省前行動・文科省申し入れ
2月20日	朝鮮学校で学ぶ権利を！2.20東京集会　東京朝鮮高校生の裁判を支援する会総会
4月11日	無償化連絡会、『文科大臣通知「朝鮮学校に係る補助金交付に関する留意点について」に関する書簡』を28都道府県知事に送付
10月15日	東京朝鮮高校生「無償化」裁判支援集会～なぜ朝鮮学校を「無償化」すべきなのか～（安達和志教授講演）
10月27日～30日	韓国からウリハッキョと子どもたちを守る市民の会、全国女性農民会、全国農民会総連盟、全国大学生代表者協議会同友会が来日、文科省要請
12月30日	韓国ソウルで高校無償化適用と朝鮮学校差別反対を訴える「金曜行動」が100回目
2017年	
2月	私たちの願い・朝鮮学校生に笑顔を！全国行動月間
2月25日	東京朝鮮高校生の裁判を支援する会総会中村一成さん講演「ジャーナリストから見た朝鮮学校裁判」
6月29日	韓国から「ウリハッキョと子どもたちを守る市民の会」が来日
9月13日	地裁判決報告集会（日本教育会館）
10月25日	朝鮮学校の子どもたちに学ぶ権利を！全国集会（代々木公園）

2018年	
2月18日	東京朝鮮高校生の裁判を支援する会総会及び全国行動東京集会（文京区民センター）
4月23日	国会議員・都議会議員・区市町村議員が東京朝鮮中高級学校訪問
5月9日	日朝友好促進地方議会議員連絡会総会と学習会
6月13日	国会議員ロビイング活動

（年表7）

2019年	
3月14日	九州「無償化」裁判・福岡地裁不当判決
8月27日	最高裁判所が東京および大阪の無償化裁判の上告棄却（山﨑敏充、戸倉三郎、林景一、宮崎裕子、宇賀克也の各裁判官全員一致の意見）

6月15日～18日	韓国「ウリハッキョと子どもたちを守る市民の会」来日（第10次）
7月19日	神戸朝鮮高級学校生徒の修学旅行お土産品没収問題について担当省庁への抗議・要請
8月27日	東京弁護団と原告朝高生交流会（東京朝鮮中高級学校）
8月30日	国連・人種差別撤廃委員会、朝鮮学校への「高校無償化」適用等を勧告
9月27日	「人種差別撤廃委員会からの勧告に従い、「高校無償化」制度（高等学校等就学支援金制度）からの朝鮮学校排除の撤回等を求める要請書」を提出
10月1日	朝鮮学園を支援する全国ネットワーク「大阪高裁による不当判決に抗議する声明」
10月3日	日本教職員組合「大阪朝鮮学園「無償化」裁判の大阪高裁判決に対する書記長談話」
10月12日	朝鮮学園を支援する全国ネットワーク全国集会（連合会館ホール）
10月13日	朝鮮学園を支援する全国ネットワーク総会　前川喜平さん講演（東京朝鮮第二初級学校）
10月22日	都議会各会派ロビイング
10月30日	高裁判決報告集会（北トピアさくらホール）
10月31日~11月3日	韓国「ウリハッキョと子どもたちを守る市民の会」来日（第11次　国際署名提出）
11月18日	東京朝鮮中高級学校公開授業（全クラスで日本人による特別授業）
12月6日	日朝友好促進地方議会議員連絡会総会・訪朝団報告
12月15日	「国連・人権勧告の実現を！」集会とデモ（青山学院大学⇒表参道）
2019年	
1月19日～20日	日朝教育シンポジウム（広島）
2月2日	東京朝鮮高校生の裁判を支援する会総会及び全国行動東京集会（武蔵野公会堂）
3月3日	国連・子どもの権利委員会、朝鮮学校への「高校無償化」適用のための基準見直しを勧告

10月1日	幼保無償化制度が始まるが、朝鮮幼稚園は排除
10月3日	愛知「無償化」裁判・名古屋高裁不当判決

2020年	
9月2日	最高裁が愛知「無償化」裁判の上告棄却
10月16日	広島「無償化」裁判・広島高裁不当判決
10月30日	九州「無償化」裁判・福岡高裁不当判決

2021年	
5月27日	最高裁が九州「無償化」裁判の上告棄却
7月27日	最高裁が広島「無償化」裁判の上告棄却
11月21日	東京朝鮮中高級学校に「学校沿革展示室」完成

8月30日	「最高裁不当判決を許さない！路上記者会見＆緊急集会」（文科省前・600人参加）
10月30日	都議会内において全会派の都議会議員有志主催で「60万回のトライ」都議会内上映会
11月2日	朝鮮幼稚園はずしにNO! すべての幼児に教育・保育の権利を！11.2全国集会＆パレード

2020年	
2月23日	東京朝鮮高校生の裁判を支援する会第7回年次総会　裁判支援の会は改組し、新たに『朝鮮学校「無償化」排除に反対する連絡会』として再スタート
5月29日	文科省要請（以下の二つを提出）①「学校支援対策」の対象に各種学校を含めることを求める要請書②「学生支援緊急給付金」からの朝鮮大学生排除に対する抗議文
7月17日	差別なくコロナ禍における支援措置の適用を求める省庁要請（参議院議員会館）拡大金曜行動
8月21日	無償化連絡会呼びかけ緊急カンパ500万円を東京朝鮮学園へ届ける
11月21日	朝鮮学校差別反対集会「官民ヘイトの中で私たちはどう闘うのか」講師：安田浩一さん、文京区民センター

2021年	
4月17日	「私はチョソンサラムです」上映会　牛込箪笥区民ホール
6月16日	無償化連絡会からのカンパ140万円を東京朝鮮学園に届ける
12月10日	「国連・人権勧告の実現を！」集会（参議院議員会館講堂）「なぜこんなに冷酷なことができるのか？外国人の人権からみた日本」

2022年	
6月17日	文科省要請および文科省前金曜行動　高校2年生が参加
9月24日～25日	モンダンヨンピル映画祭（日韓同時開催）
9月25日	「国連・人権勧告の実現を！」9.25デモ　新宿アルタ前ミニ集会→新宿駅周辺デモ

＊年表は190ページよりお読みください

編者：朝鮮学校「無償化」排除に反対する連絡会記録編集委員会

編集委員：金誠明、金東鶴、千地健太、花村健一、林明雄、森本孝子

高校無償化問題が問いかけるもの——朝鮮学校物語２

2023 年 3 月 4 日　初版第 1 刷発行

編者————朝鮮学校「無償化」排除に反対する連絡会記録編集委員会
発行者———平田　勝
発行————花伝社
発売————共栄書房
〒 101-0065　東京都千代田区西神田 2-5-11 出版輸送ビル 2F
電話　03-3263-3813
FAX　03-3239-8272
E-mail　info@kadensha.net
URL　http://www.kadensha.net
振替　00140-6-59661
本文 DTP ——樹花舎
装丁————黒瀬章夫（ナカグログラフ）
印刷・製本　中央精版印刷株式会社

ISBN978-4-7634-2050-3 C0036